भारत में समय-समय पर जन्म लेकर अनेक मनीषियों ने सत्य अन्यवेषक वैदिक ऋषियों की परम्परा को निरंतर बनाए रखा। स्वामी विवेकानंद वर्तमान युग में इसी परंपरा के प्रतिनिधि थे। वह ब्रह्मचर्य, दया, करुणा आदि उदात्त मानवीय गुणों के मूर्त रूप थे। उनके लिए प्राणीमात्र परमात्मा का अंश था।

उनकी तर्कशक्ति अद्वितीय थी। शिकागो विश्व धर्म सम्मेलन में उनके व्यक्तित्व से विश्व मुग्ध हो उठा था। इसके बाद पश्चिमी जगत में उन्होंने अनेक स्थानों पर व्याख्यान दिए। इससे भारतीय वेदान्त का वास्तविक स्वरूप विश्व के समक्ष आया और अनेक अमरीकी तथा यूरोपीय उनके शिष्य बन गए।

स्वामी विवेकानंद जहां एक ओर सर्व धर्म समभाव के प्रतीक थे, वहीं उन्हें अपने हिन्दू होने का गर्व भी था।

भारत के अमर मनीषी

# स्वामी विवेकानंद

डॉ. भवान सिंह राणा

डायमंड बुक्स

प्रकाशक : **डायमंड पॉकेट बुक्स (प्रा.) लि.**
**X**-30, ओखला इंडस्ट्रियल एरिया, फेज-**II**
नई दिल्ली-110020
फोन : 011-40712200
ई-मेल : **sales@dpb.in**
वेबसाइट : **www.diamondbook.in**

---

Bharat Ke Amar Manishi Swami Vivekanand
*By : Dr. Bhawan Singh Rana*

# प्राक्कथन

भारत में समय-समय पर जन्म लेकर अनेक मनीषियों ने सत्यदृष्टा वैदिक ऋषियों की परम्परा को निरंतर बनाए रखा। स्वामी विवेकानंद वर्तमान युग में इसी परम्परा के प्रतिनिधि थे। वह ब्रह्मचर्य, दया, करुणा आदि उदात्त मानवीय गुणों के मूर्त रूप थे। उनके लिए प्राणीमात्र परमात्मा का अंश था।

उनकी तर्कशक्ति अद्वितीय थी। शिकागो विश्व धर्म सम्मेलन में उनके व्यक्तित्व से विश्व मुग्ध हो उठा था। इसके बाद पश्चिमी जगत में उन्होंने अनेक स्थानों पर व्याख्यान दिए। इससे भारतीय वेदांत का वास्तविक स्वरूप विश्व के समक्ष आया और अनेक अमरीकी तथा यूरोपीय उनके शिष्य बन गए।

स्वामी विवेकानंद जहां एक ओर सर्व धर्म समभाव के प्रतीक थे, वहीं उन्हें अपने हिन्दू होने का गर्व भी था। यह हिन्दुत्व पर लज्जा की अनुभूति को विनाश का सूचक मानते थे।

केवल चालीसवें वर्ष में उनका तिरोभाव हो गया, फिर भी भारतीय वेदांत और संस्कृति के उदात्त स्वरूप से विश्व को अवगत कराने में उन्होंने जो सफलता प्राप्त की, वह अपने आप में इतिहास का एक प्रेरक अध्याय है। निःसंदेह वह भारतीय मनस्वियों में अपना एक महत्त्वपूर्ण स्थान रखते हैं।

इस पुस्तक में अधिकतम सामग्री के साथ स्वामी विवेकानंद के जीवन चरित को संक्षिप्त रूप में प्रस्तुत करने का प्रयास किया गया है। पुस्तक की सामग्री के संकलन में श्री सत्येन्द्रनाथ मजूमदार कृत 'विवेकानंद चरित' स्वामी शारदानंद लिखित 'श्रीरामकृष्ण लीला प्रसंग', पं. द्वारिकानाथ तिवारी की पुस्तक 'श्रीरामकृष्ण लीलामृत', स्वामी अपूर्वानंद की रचना 'श्रीरामकृष्ण और श्री मां', श्री जयराम मिश्र की कृति 'स्वामी रामतीर्थ : जीवन और दर्शन' और श्री इंगरसोल के निबन्ध संग्रह के (भदन्त आनन्द कौसल्यायन कृत) हिन्दी अनुवाद 'स्वतन्त्र चिन्तन' से साभार सहायता ली गयी है।

**- डॉ. भवानसिंह राणा**

# विषय सूची

# स्वामी विवेकानंद

## *प्रारम्भिक जीवन*

### वंश परिचय

भारत में समय-समय पर अनेक महापुरुषों का जन्म हुआ है, जिन्होंने अपनी यशा सुरभि से मातृभूमि के गौरव को बढ़ाया। ऐसे की महामनीषियों के कारण भारत को आध्यात्मिक क्षेत्र में विश्वगुरु कहा जाता रहा है। प्राचीन मन्त्रदृष्टा वैदिक ऋषियों से वर्तमान युग में स्वामी विवेकानंद, स्वामी रामतीर्थ, महर्षि अरविन्द घोष आदि महापुरुष इसी परम्परा के प्रतिनिधि रहे हैं।

बंगाल की भूमि बहुरस रुचिरा रही है। इसमें जहां एक ओर मातृभूमि की स्वाधीनता के उपासक अनेक क्रान्तिकारियों ने जन्म लिया है, वहीं दूसरी ओर ज्ञान-विज्ञान के क्षेत्र में भी इस भूमि ने अनेक मेधावी पुत्रों को जन्म दिया है। चाहे समाज सुधार का क्षेत्र रहा हो या साहित्य का अथवा विज्ञान का रहा हो या अध्यात्म का, बंगभूमि के सपूत सभी क्षेत्रों में अग्रणी रहे हैं। वर्तमान युग के महान चिन्तक स्वामी विवेकानंद का जन्म भी इसी भूमि में हुआ था।

कलकत्ता (कोलकाता) महानगरी इस शताब्दी के आरम्भिक वर्षों तक भारत की राजधानी रही है। इसी नगरी के सिमुलिया नामक मोहल्ले में एक मार्ग का नाम 'गौरमोहन मुखर्जी स्ट्रीट' है। यहीं दत्त परिवार का पारम्परिक निवास स्थान था। विगत शताब्दी में यह परिवार एक सम्पन्न परिवार माना जाता था। कलकत्ता उच्चतम न्यायालय के प्रख्यात वकील राममोहन दत्त के समय में सिमुलिया के दत्त समाज में अपना विशेष प्रभाव रखते थे। राममोहन दत्त एक प्रसिद्ध और सफल वकील थे। वह धनार्जन और उसका खुले हाथों से व्यय करते थे। उनका जीवन एक ऐश्वर्यपूर्ण जीवन था।

राममोहन दत्त के पुत्र का नाम दुर्गाचरण दत्त था। उस समय की परम्परा के अनुसार दुर्गाचरण को संस्कृत तथा फारसी की शिक्षा दी गयी। इसके साथ ही उन्होंने अंग्रेजी का ज्ञान भी प्राप्त किया और वकालत आरम्भ कर दी, किन्तु पिता और पुत्र के स्वभाव में एक भारी अन्तर था। जहां पिता में धनोपार्जन और ऐश्वर्य की जन्मजात प्रवृति थी, वहीं पुत्र इससे सर्वथा विरक्त थे। प्राय: धनी घरों के पुत्र सुख-सुविधा पाकर भटक जाते हैं, किन्तु दुर्गाचरण को धन-ऐश्वर्य से कोई मोह नहीं था। उनका अनुराग धर्म और सत्संग के प्रति था। वह वेदांती साधुओं से अधिक प्रभावित थे। उन्हीं के प्रभाव में आकर दुर्गाचरण ने केवल पच्चीस वर्ष की अवस्था में ही समस्त ऐश्वर्यों का परित्याग कर संन्यास ग्रहण कर लिया। उस समय उनकी पत्नी केवल एक ही पुत्र की मां थीं, जिसका नाम विश्वनाथ था। विश्वनाथ की अवस्था उस समय एक-दो वर्ष ही रही होगी।

दुर्गाचरण के संन्यास ले लेने के बाद बालक विश्वनाथ का पालन-पोषण भी राममोहन दत्त ने किया। कहा जाता है कि एक बार दुर्गाचरण की पत्नी वाराणसी गयी थीं। वहां विश्वनाथ मन्दिर में उन्हें अपने पति के दर्शन हुए थे। इसके बाद संन्यास धर्म की परम्परा के अनुसार संन्यास के बारह वर्ष पूर्ण होने पर दुर्गाचरण एक बार अपने घर आये और पुत्र विश्वनाथ को आशीर्वाद देकर चले गये। इसके बाद उन्हें किसी ने नहीं देखा। उनके इस बार घर आने से एक वर्ष पूर्व ही उनकी पत्नी का स्वर्गवास हो चुका था।

पिता के संन्यासी हो जाने और मां के स्वर्गवास के बाद विश्वनाथ का बाल्यकाल पितामह राममोहन दत्त की छत्रछाया में ही व्यतीत हुआ। पितामह का अनुसरण करते हुए वह भी वकालत करने लगे। वकील होने के साथ ही वह विद्याप्रेमी भी थे। उन्होंने फारसी, अंग्रेजी, इतिहास आदि का गहन अध्ययन किया। इसके परिणामस्वरूप उनमें धार्मिक कट्टरता नहीं रही। उन्होंने बाइबिल का अध्ययन भी किया। इससे वह ईसाई धर्म के प्रशंसक बन गये। दिल्ली, लाहौर, लखनऊ इलाहाबाद आदि के कई सम्भ्रान्त मुसलमान उनके मित्र थे। वह सभी धर्मों का आदर करते थे।

विश्वनाथ दत्त एक सफल वकील थे। वह बड़े ठाट-बाट से रहना पसन्द करते थे। मित्रों की सहायता करना, मुक्तहस्त से व्यय करना, दावतें देना उनका विशेष स्वभाव था। उनकी पत्नी भुवनेश्वरी देवी एक परम्परागत धर्मप्रेमी हिन्दू महिला थीं। वह केवल बंगला ही लिखना-पढ़ना जानती थीं।

वह अत्यन्त मधुर स्वभाव की थीं। रामायण, महाभारत, भागवत आदि का नियमित पाठ करना, भगवान शिव की पूजा आदि उनकी दिनचर्या के अभिन्न अंग थे। वह एक गम्भीर स्वभावशील सम्पन्न आदर्श गृहिणी थीं। कहा जाता है कि पास-पड़ोस की कोई भी महिला उनके सामने अधिक बोलने का साहस नहीं कर पाती थी।

## जन्म

सभी प्रकार की सुख-सम्पन्नता होते हुए भी भुवनेश्वरी देवी को एक दु:ख सालता रहता था कि उनका कोई पुत्र नहीं था। पुत्र प्राप्ति की इच्छा अन्य स्त्रियों के समान ही बहुधा उन्हें भी व्याकुल कर देती थी। वह नित्य-प्रति कातर स्वर में भगवान से पुत्रवती होने की प्रार्थना करती रहती थीं। इसके लिए उन्होंने अनेक प्रकार के व्रत-उपवास, अनुष्ठान आदि किये, किन्तु कोई सफलता नहीं मिली। दत्त परिवार की कोई महिला वाराणसी में रहती थीं। भुवनेश्वरी देवी ने उन्हें पत्र लिखा कि उनकी ओर से विश्वनाथ मन्दिर में नित्यप्रति पूजा-अर्चना की व्यवस्था की जाए। इसके कुछ दिन बाद वह स्वयं वाराणसी गयीं। वहां उनकी ओर से पूजा-अर्चना समुचित रूप में की जा रही थी। पुत्र कामना से भुवनेश्वरी देवी घर जाना भी भूल गयीं और वहीं बाबा विश्वनाथ की अर्चना में खो गयीं।

कहा जाता है कि एक दिन भुवनेश्वरी देवी भगवान श्री विश्वनाथ के मन्दिर में पूजा करने के बाद ध्यानमग्न हो गयीं। वह प्रात: पूजा में बैठी थी; दिन ढल गया और सन्ध्या होने लगी, किन्तु उनका ध्यान भंग नहीं हुआ। उनका बाह्यज्ञान मानो लुप्त हो गया था। उनके मुखमण्डल पर अलौकिक तेज चमक रहा था। रात्रि में उसी अवस्था में उन्हें नींद आ गयी। स्वप्न में उन्होंने देखा कि कर्पूर के समान गौरवर्ण भगवान शिव उनके सम्मुख खड़े हैं। इसके बाद उन्होंने एक शिशु का रूप धारण किया और भुवनेश्वरी देवी की गोद में जा बैठे। इसके साथ ही भुवनेश्वरी देवी की नींद खुल गयी।

उस दिव्य आनन्द का अनुभव करने के बाद जब भुवनेश्वरी देवी की नींद खुली, तो वह पुलकित हो उठीं। उस समय सूर्योदय हो चुका था। वह आनन्दातिरेक में 'हे शिव! हे शंकर! हे करुणामय!' कहती हुई बार-बार भगवान शिव को साष्टांग प्रणाम करने लगीं।

भुवनेश्वरी देवी को दृढ़ विश्वास हो गया कि अब उनकी पुत्रप्राप्ति की

अभिलाषा अवश्य पूर्ण हो जाएगी। कुछ दिनों बाद वह वापस लौट आयीं। धीरे-धीरे कुछ समय व्यतीत हुआ और 12 जनवरी 1863 की प्रात: छ: बजकर तैतीस मिनट तैतीस सेकंड पर उन्होंने एक पुत्र को जन्म दिया। उस दिन बंगला वर्ष की पौष संक्रांति थी। शिशु जन्म के समय सूर्योदय होने वाला था। इस संक्रान्ति का विशेष महत्त्व माना जाता है। लोग स्नान के लिए जा रहे थे और घर-घर में शंखध्वनि हो रही थी। उसी समय पुत्र जन्म के उपलक्ष्य में विश्वनाथ दत्त के घर में भी शंख बजाया जाने लगा। शंखों के समवेत स्वरों से मानो सभी इस नवजात शिशु का अभिनन्दन कर रहे थे। माता भुवनेश्वरी का यही पुत्र बाद में स्वामी विवेकानंद के नाम से विश्व-विख्यात हुआ।

इस नवजात शिशु की मुखाकृति अपने पितामह दुर्गाचरण से मिलती थी। अत: नामकरण के दिन कुछ लोगों ने परामर्श दिया कि उसका नाम दुर्गादास रखा जाए। मां भुवनेश्वरी देवी को यह नाम स्वीकार्य न था वह पुत्र को भगवान विश्वनाथ के वरदान का परिणाम मानती थीं अत: उन्होंने कहा कि बालक का नाम वीरेश्वर रखा जाए। मां की बात सभी ने स्वीकार कर ली और बालक का नाम वीरेश्वर रखा गया। यह नाम कुछ लम्बा लगता था, अत: घर के सभी लोग उसे 'बिले' कहने लगे। इसके बाद बंगाल की परम्परा के अनुसार अन्नप्राशन के समय 'बिले' का नवीन नामकरण हुआ- 'नरेन्द्रनाथ'। मां भुवनेश्वरी देवी का यह बालक घर में 'बिले' कहा जाता था और समाज में इसका 'नरेन्द्रनाथ' नाम प्रचलित था।

## नटखट बालक नरेन्द्रनाथ

धीरे-धीरे बालक नरेन्द्रनाथ कुछ बड़े हुए, तो उनका नटखटपन बढ़ता गया। प्रारम्भ में उनका यह गुण बालसुलभ चपलता समझा गया, किन्तु अवस्था बढ़ने के साथ-साथ उनका नटखटपन उद्दण्डता में बदलता गया। नरेन्द्र पर भय या डांट-फटकार का कोई प्रभाव नहीं पड़ता था। उनके व्यवहार से मां एक-बार इतनी तंग हो गयी कि उनके मुंह से निकल पड़ा- 'महादेव ने स्वयं न आकर न जाने कहां से एक भूत भेज दिया।'

बालक नरेन्द्र स्वयं शिव के अंश थे या शिव के किसी गण के, यह तो शिव ही जानें, किन्तु उनका स्वभाव बड़ा ही उद्धत था। कहा जाता है कि उनकी शैतानियों से तंग आ जाने पर मां 'शिव-शिव' कहते हुए उनके माथे

पर कुछ जल डाल देतीं, तो वह शान्त हो जाते। बालक नरेन्द्र मां को कोई काम भी नहीं करने देते। बहुधा वह रो-रो कर सारे घर को सिर पर उठा लेते। ऐसे में मां खिन्न होकर कहती, 'देखे बिले! यदि तू उधम मचाएगा तो महादेव तुझे कैलाश में नहीं आने देंगे।'' मां के इन शब्दों को सुनकर नरेन्द्र टुकर-टुकर भयभीत आंखों से मां की ओर देखने लगते और शान्त हो जाते।

मां को पूर्ण विश्वास था कि नरेन्द्र का जन्म शिव के प्रसाद से हुआ है, किन्तु वह इस तथ्य को किसी के सामने प्रकट नहीं करती थीं और न ही वह बताती थीं कि बालक 'शिव-शिव' कहते हुए जल छिड़कने पर शान्त हो जाता है या 'शिव कैलाश नहीं ले जाएंगे' कहने पर उनका रोना थम जाता है।

नरेन्द्रनाथ अपने माता-पिता की तीसरी सन्तान थे। उनसे बड़ी दो बहनें थीं। उधमी नरेन्द्र ने दोनों बहनों की नाक में दम किया हुआ था। दोनों बहनें जब कभी गुस्से में उन्हें पीटने के लिए जाती, तो वह दौड़कर नाली के अन्दर घुस जाते और अपने शरीर पर कीचड़ पोत कर खिलखिलाकर हंसते हुए कहते 'पकड़ो न मुझे।' बहनें मन मसोसकर रह जाती और नरेन्द्र ताली पीटने लगते।

उन दिनों बग्घी का प्रचलन था। नरेन्द्र को बग्घी में बैठना अत्यधिक पसन्द था। मां की गोद में बैठकर आस-पास की वस्तुओं की बड़ी उत्सुकता से देखते रहते। घोड़ागाड़ी की सवारी उन्हें कितनी प्रिय थी, इसका अनुमान केवल एक घटना से ही सरलता से लगाया जा सकता है। एक बार उनके पिता ने उनसे पूछा, 'बिले! तू बड़ा होकर क्या बनेगा?' तो उनका उत्तर था, 'मैं घोड़े का साईस या कोचवान बनूंगा।'

मां से रामायण, महाभारत आदि की कथाएं सुनना उन्हें विशेष प्रिय था। उनके घर में प्राय: ये कथाएं होती रहती थीं। या तो कोई वृद्धा अथवा स्वयं मां भुवनेश्वरी देवी कथा पढ़तीं। कथा चलते समय पास-पड़ोस की सभी महिलाएं एकत्र हो जाती। आश्चर्य की बात तो यह है कि उधमी नरेन्द्र उस समय शान्त होकर बैठे रहते। उस समय उन्हें देखकर लगता था, मानो कोई भक्त बैठकर कथा सुन रहा हो। रामायण की कथा से वह इतने प्रभावित हुए कि एक दिन स्वयं बाजार में भगवती सीता और राम की एक मूर्ति खरीद लाये और छत पर बने एक कमरे में उसकी स्थापना कर दी। वह उस एकान्त कक्ष में मूर्ति के समक्ष ध्यानमग्न होकर बैठे रहते।

नरेन्द्रनाथ के घर में एक कोचवान था। एक दिन उसके विवाह की बात चली। वह उस विवाह से सहमत नहीं था, अतः उसने वैवाहिक जीवन की बुराइयों का बखान कर दिया। बालक नरेन्द्र वहीं बैठे सब कुछ सुन रहे थे। इससे वह अत्यधिक प्रभावित हुए और मां के पास जाकर बोले, 'मां! मैं सीताराम की पूजा कैसे करूं, सीताजी तो राम की पत्नी थीं।' उनकी आंखों में आंसू देखकर मां ने उन्हें गोद में उठा लिया और बड़े प्यार से बोली, 'कोई बात नहीं बेटे! सीताराम की नहीं तो भगवान शिव की पूजा करना।' इसके बाद नरेन्द्र उस कमरे में गये, जहां मूर्ति स्थापित की गयी थी। उन्होंने वह मूर्ति उठा ली और छत से नीचे फेंक दी।

प्रत्येक अतार्किक परम्परा का कारण पूछना नरेन्द्र का बचपन से ही स्वभाव था। जैसे वह मां से पूछते, 'मां भात की थाली छूने के बाद शरीर पर हाथ लगाने से क्या होता है?' या 'बांये हाथ से पानी का बर्तन उठाकर पानी पीने से हाथ क्यों धोना पड़ता है? हाथ में तो जूठा लगा नहीं?' मां इन प्रश्नों का कोई उत्तर न दे पाती और नरेन्द्र प्रश्नों की संख्या इसी तरह बढ़ती जाती।

विश्वनाथ दत्त के एक मुवक्किल पेशावर के मुसलमान थे। नरेन्द्र उनसे बहुत अधिक घुल-मिल गये थे। नरेन्द्र उनकी गोद में बैठे जाते और पंजाब, अफगानिस्तान आदि के विषय में पूछते रहते तथा उनके साथ चलने के लिए हठ करते। इस पर वह सज्जन हंसते हुए कहते, 'तुम पहले दो अंगुल बड़े हो जाओं, तब मैं तुम्हें अवश्य साथ ले जाऊंगा।' कभी-कभी नरेन्द्र दूसरे ही दिन उनसे पुनः कहने लगते, 'कल रात मैं दो अंगुल बड़ा हो गया हूं, अब मुझे साथ ले चलिए न।' वह सज्जन हंसते हुए लोट-पोट हो जाते। नरेन्द्र उनके हाथ से मिठाई लेकर खा लेते थे। उस समय के समाज में ऐसा करना धर्मच्युत होने के समान माना जाता था। यद्यपि पिता विश्वनाथ इन बातों को कोई महत्त्व नहीं देते थे, फिर भी घर के अन्य लोग इसका कड़ा विरोध करते थे। इसके लिए नरेन्द्र को उलाहने मिलने और डांट पड़ती, किन्तु उनकी समझ में नहीं आता था कि ऐसा क्यों होता है।

विश्वनाथ दत्त के मुवक्किलों में हर धर्म और जाति के लोग थे, जो उनके घर आते-जाते रहते थे। हर जाति तथा धर्म के लोगों के लिए उनकी बैठक में अलग-अलग हुक्के रखे रहते थे, किन्तु नरेन्द्र की समझ में नहीं आता था कि इतने सारे हुक्के रखने की क्या आवश्यकता है। उनके बालक

मन ने तर्क किया कि हो सकता है, दूसरे की जाति का हुक्का पीने से मर जाते हों, अत: एक दिन किसी को बैठक में बैठा न देख वह अन्दर चले गये और एक-एक हुक्के की नली मुंह से लगाने लगे। इतने में उनके पिता वहां आ गये। उन्होंने पूछा, 'बिले क्या करता है?' नरेन्द्र बोले, 'मैं देख रहा था कि यदि मैं जाति के भेद को न मानूं, तो देखूं मेरा क्या होता है, किन्तु मुझे कुछ नहीं हुआ।' पिता हंसते हुए वहां से चले गये।

नरेन्द्रनाथ ने जिस कमरे से सीताराम की मूर्ति फेंक दी थी, उसमें फिर शिव की मूर्ति स्थापित कर दी थी। अब वह शिव के सामने ध्यान लगाने लगे थे। एक दिन ध्यान लगाते समय उन्हें अपनी मां की बात याद आ गयी- 'देख बिले यदि तू उधम मचाएगा तो भगवान शिव तुझे कैलाश पर्वत नहीं ले जाएंगे।' नरेन्द्र विचार करने लगे- 'सम्भवत: मैं दुष्ट हूं इसीलिए शिव ने मुझे अपने से दूर कर दिया है।' नरेन्द्र तुरन्त मां के पास गये और बोले, 'मां! यदि मैं साधु बन जाऊं, तो क्या शिव मुझे अपने पास आने देंगे?' मां के मुंह से सहसा निकल गया, 'हां-हां, क्यों नहीं।' बाद में मां को अपने शब्दों पर पश्चाताप भी हुआ, किन्तु उस समय कौन कह सकता था कि यही बालक बाद में स्वामी विवेकानंद बनेगा।

एक दिन नरेन्द्रनाथ अपने समवयस्क बालकों के साथ अपने पूजा के कमरे में ध्यान लगाकर बैठे थे। तभी एक बालक ने आंख खोली, तो वह चिल्ला उठा- 'सांप-सांप' उसने देखा कि सामने ही एक नाग अपना फन फैलाये बैठा था। उसके चिल्लाने से सभी बालक उठकर भाग गये, किन्तु नरेन्द्रनाथ का ध्यान भंग नहीं हुआ। साथी बालक घर वालों को बुला लाये। सभी ने देखा कि विषधर फन फैलाये बैठा है और बालक नरेन्द्र ध्यानावस्थित मुद्रा में है। किसी से कुछ करते नहीं बना। सबने देखा कि कुछ देर बाद सर्प स्वयं चला गया, किन्तु नरेन्द्रनाथ इस सबसे सर्वथा अपरिचित थे।

संन्यासियों को देखकर नरेन्द्रनाथ को बड़ा आनन्द आता था। घर आये संन्यासी को वह जी भरकर भिक्षा देते थे। इसके बाद पड़ने वाली डांट का उन पर कोई प्रभाव नहीं पड़ता था। कभी वह किसी वस्त्र को फाड़कर उसकी कौपीन पहन कर ताली बजाते हुए नाचने लगते और 'शिव-शिव' जपते।

मां से रामायण की कथा में उन्होंने सुना था कि हनुमान अमर हैं। एक दिन कथावाचक ने बताया कि हनुमान को केले बड़े प्रिय हैं। नरेन्द्र तत्काल

कथावाचक के पास गये और धीरे से बोले, 'पण्डितजी! आप कहते हैं कि हनुमान जी को केले बड़े पसन्द हैं और वह केले के बगीचे में रहते हैं, तो क्या वहां जाने पर वह मिल जाएंगे?'

पंडित जी ने हंसते हुए कह दिया- 'हां-हां, वहां मिल जाएंगे।' नरेन्द्रनाथ ने उनकी बात को सत्य समझ लिया और अपने घर के पास केले के बाग में चले गये। वह देर रात्रि तक वहां बैठे रहे और अन्त में घर लौट आये। उनका उदास मुख देखकर मां ने इसका कारण पूछा, तो उन्होंने सब कुछ बता दिया। मां बोली 'बेटे! चिन्ता न करो, हो सकता हनुमान जी आज भगवान राम के कार्य से कहीं गये हों किसी दूसरे दिन मिल जाएंगे।

## शिक्षा

पांच वर्ष की अवस्था पूर्ण होने पर नरेन्द्रनाथ की शिक्षा आरम्भ हुई। एक शिक्षक उन्हें पढ़ाने के लिए घर पर ही आने लगे। शिक्षक महोदय पुरानी परम्परा के व्यक्ति थे। 'शिक्षा डण्डे के बल पर' उनका मूलमन्त्र था, किन्तु उनका मूलमन्त्र नरेन्द्रनाथ के साथ नहीं चला। नरेन्द्रनाथ उनके इस सिद्धान्त को विरोध करने लगे। फलतः शिक्षक महोदय को इस सिद्धान्त को त्यागना पड़ा।

प्राथमिक शिक्षा घर पर ही प्राप्त करने के बाद नरेन्द्रनाथ को 'मैट्रोपोलिट इन्स्टीट्यूट' भेजा गया। यहां का जीवन उन्हें अपनी प्रकृति के सर्वथा अनुकूल जान पड़ा क्योंकि यहां उन्हें अनेक मित्र मिल गये थे। दूसरी ओर यहां के अनुशासित जीवन से वह दुःखी भी हुए। लड़ना-झगड़ना, कक्षा से निकल जाना, अकारण पुस्तकें और कपड़े फाड़ देना उनके मुख्य कार्य हो गये। अध्यापकों की डांट-फटकार निष्फल रही।

नरेन्द्रनाथ बाल्यकाल से ही निर्भीक प्रकृति के थे। छः वर्ष की अवस्था में एक दिन वह अपने साथियों को लेकर मेला देखने गये। वहां से मिट्टी की बनी शिव की मूर्तियां लेकर लौट रहे थे कि एक बालक दल से अलग हो गया। वह एक घोड़ा गाड़ी के नीचे आ जाता कि इससे पहले ही नरेन्द्रनाथ ने उसे खींच लिया।

उनके घर के पास ही एक चम्पा का पेड़ था। वह प्रायः पांव के बल उससे लटककर झूला झूलते थे। एक दिन वह एक ऊंची डाल पर चढ़कर इसी प्रकार झूल रहे थे। उन्हें देख माली चुप ही रहा, क्योंकि मना करने पर

वह किसी भी कार्य को और अधिक करते थे। दूसरे दिन उन्हें पुनः पेड़ पर चढ़ता देख माली बोला, 'बेटे! इस पर मत चढ़ो क्योंकि यहां एक ब्रह्मराक्षस रहता है।' माली के वहां से जाते ही नरेन्द्रनाथ उस पर चढ़ गये। उनका एक साथी माली की बात सुन डर गया था। वह बोला, 'भैया नीचे आ जाओ। न जाने ब्रह्मराक्षस किधर से गर्दन मरोड़ दे।' इस पर नरेन्द्र बोले, 'तुम भी मूर्ख ही हो, तुम्हारे दादा झूठ-मूठ कहते हैं। यदि यहां ब्रह्मराक्षस होता, तो मेरी गर्दन कब की मरोड़ चुका होता।'

सन् 1877 में नरेन्द्रनाथ को कोई उदर रोग हो गया। उस समय उनके पिता किसी कार्य के लिए रायपुर (म.प्र.) गये हुए थे। पिता को सूचित किया गया। उन्होंने जलवायु परिवर्तन के लिए पूरे परिवार को अपने पास ही बुला लिया। रायपुर में उन दिनों कोई स्कूल नहीं था। इस समय उनके पिता भी मुकदमों के कार्य से अवकाश पर थे, अतः वह नरेन्द्र को स्वयं पढ़ाने लगे। पिता उनके स्वतन्त्र चिन्तन का सम्मान करते थे, अतः उन्होंने उन्हें उनकी रुचि के अनुरूप ही साहित्य, दर्शन इतिहास आदि की पुस्तकें पढ़ायीं।

पहले भी कहा जा चुका है कि विश्वनाथ दत्त मुक्तहस्त से व्यय करते थे। कदाचित् ही लोगों को आशंका थी कि वह अपना सब कुछ फूंक जाएंगे। किसी ने किशोर नरेन्द्र को भी इस विषय में बताया होगा। एक दिन नरेन्द्र पिता से बोले, 'पिताजी! आप हमारे लिए क्या छोड़ रहे हैं?' पिता ने दीवार पर लगे दर्पण की ओर संकेत करते हुए कहा, 'जा उसमें देख, तुझे पता लग जाएगा।' नरेन्द्र पिता का आशय समझ गये।

विश्वनाथ दत्त के कई ऐसे भी परिचित घर पर आते थे जिन्हें शराब आदि पीने का खर्च भी वह स्वयं देते थे। नरेन्द्रनाथ इस बात से परिचित हो गये थे। अतः एक दिन वह पिता से बोले 'आप इन्हें नशा करने का खर्च भी देते हैं आखिर ऐसा क्यों? और ये लोग नशा क्यों करते हैं?' पिता ने बड़े प्यार से उत्तर दिया, 'बेटे! जीवन में कितने ही दुःख हैं, तू अभी इसे नहीं समझेगा। बड़ा होने पर तू समझ जाएगा कि ये लोग गहरे दुःख से कुछ देर मुक्त होने के लिए ही ऐसा करते हैं।'

पिता की स्पष्टवादिता से नरेन्द्रनाथ बड़े प्रभावित थे। वह बहुधा कहा करते थे, 'मैं एक महान व्यक्ति का पुत्र हूं।' उनमें आत्मसम्मान की भावना बचपन से कूट-कूट कर भरी हुई थी। उनमें धनी होने का कोई अभिमान

नहीं था फिर भी यदि कोई बालक समझकर उनसे दुर्व्यवहार करता, तो वह गुस्सा हो जाते। वह सत्य बोलने के प्रबल पक्षधर थे। अपने इस स्वभाव के कारण वह अपने पिता के मित्रों की गलत बातों का भी विरोध कर जाते, जिससे उन्हें धृष्ट भी समझा जाता था और बहुधा उनके पिता से शिकायत भी होती रहती थी।

## बलिष्ठ युवक

1879 तक नरेन्द्रनाथ एक बलिष्ठ युवक दिखायी देने लगे थे, यद्यपि अभी उनकी अवस्था केवल 16 वर्ष ही थी। वह शरीर पर विशेष ध्यान देते थे। कुश्ती में बचपन से ही उनकी रुचि थी। सिमुलिया मुहल्ले की कार्नवालिस स्ट्रीट में एक व्यायामशाला थी। नरेन्द्रनाथ नियमित रूप से वहां व्यायाम करने जाते थे। इन्हीं दिनों बॉक्सिग में प्रथम आने पर उन्हें चांदी की तितली पुरस्कार में मिली। अपने समवयस्कों में क्रिकेट खिलाड़ी के रूप में भी उनका अच्छा नाम था।

विश्वनाथ दत्त को तरह-तरह के स्वादिष्ट व्यंजन बनाने का बड़ा शौक था। कोलकाता में तो उन्हें इसके लिए बहुत कम समय मिलता था, किन्तु जिन दिनों वह रायपुर में थे, नरेन्द्रनाथ ने भी उनसे यह कला सीखी थी। इसके बाद पिता का यह गुण उनमें भी आ गया था। वह अपने मित्रों को घर पर बुलाते और अनेक प्रकार की चीजें बनाकर उन्हें खिलाते। उनका यह गुण बाद में विवेकानंद बनने पर भी बना रहा। वह अपने शिष्यों को भी इसी प्रकार रसोई बनाकर खिलाते रहते थे। इसमें उन्हें बड़ा आनन्द मिलता था।

रायपुर से प्राय: दो वर्ष बाद वह सपरिवार कोलकाता लौटे। उनके सुन्दर बलिष्ठ शरीर को देखकर उनके मित्रों को बड़ी प्रसन्नता हुई। शिक्षा विभाग की विशेष अनुमति से उन्हें एंट्रेन्स में प्रवेश मिल गया। दो वर्षों तक अनुपस्थित रहने पर भी उन्होंने 1879 में यह परीक्षा प्रथम श्रेणी में उत्तीर्ण की। उनकी इस सफलता से घर वालों को बेहद प्रसन्नता हुई। यह नितान्त स्वाभाविक था। विद्यालय के अध्यापक उनकी इस सफलता पर विशेष प्रसन्न हुए, क्योंकि अपने विद्यालय में वही एक थे जो प्रथम श्रेणी में उत्तीर्ण हुए थे।

इसी स्कूल के विद्यार्थी जीवन में उनके एक अध्यापक के अवकाश

ग्रहण करने पर उन्हें विदाई दी जा रही थी। छात्रों ने उन्हें अभिनन्दन पत्र देने का निर्णय लिया। विदाई समारोह की अध्यक्षता प्रख्यात नेता सुरेन्द्र नाथ बनर्जी कर रहे थे। किसी भी विद्यार्थी में उनके सामने बोलने का साहस न था, अत: सभी ने निर्णय लिया कि यह कार्य नरेन्द्रनाथ करेंगे। नरेन्द्रनाथ ने प्राय: आधे घण्टे तक व्याख्यान दिया। सोलह वर्ष के किशोर नरेन्द्रनाथ से ऐसा सारगर्भित भाषण सुनकर सुरेन्द्रनाथ बनर्जी बड़े प्रभावित हुए।

## सांस्कृतिक आन्दोलनों का काल

अठारहवीं शताब्दी भारत के पराभव का समय रहा। धीरे-धीरे सभी भारतीय नरेशों ने अंग्रेजों की सत्ता के समक्ष मस्तक झुका दिये। विशाल मुगल साम्राज्य का सूर्य अस्त हो गया। हिन्दू साम्राज्य के संस्थापक छत्रपति शिवाजी महाराज के तिरोभाव के पश्चात् कुछ काल बाद उनका साम्राज्य भी निस्तेज हो गया। उन्नीसवीं शताब्दी के मध्य तक पंजाब, अवध आदि राज्य भी अंग्रेज राज्य में मिला लिये गये। हिन्दू-मुसलमान दोनों पराभूत हो गये। अंग्रेजी सत्ता के उदय के साथ ही ईसाइयत का प्रचार-प्रसार होने लगा।

कोलकाता में सर्वप्रथम फोर्ट विलियम कॉलेज की स्थापना हुई। इसी वर्ष आधुनिक शिक्षा के जन्मदाता डेविड हेअर इस संस्था में आये। नास्तिक होते हुए भी वह एक उदारमना मानव थे। शिक्षा का प्रचार-प्रसार ही उनके जीवन का लक्ष्य था। इस समय ईसाई मिशनरी अपना कुटिल चक्र फैलाने लगे थे। वह हिन्दुओं के रीति-रिवाजों की आलोचना करते, हिन्दू धर्म को अपमानित करना उनका सर्वोपरि लक्ष्य बन गया। इनका कहना था कि 'ठोस घनीभूत अनैतिकता तथा हिन्दुत्व एक ही वस्तु है।'

हिन्दू धर्म भी अपने आन्तरिक कलहों के कारण ही पददलित हो रहा था। बंगाली समाज के संदर्भ में हिन्दू धर्म की इन बुराइयों की ओर संकेत करते हुए श्री सत्येन्द्रनाथ मजूमदार ने अपनी पुस्तक 'विवेकानंद चरित' में लिखा है-

'इस्लाम या ईसाई धर्म की तरह हिन्दू धर्म प्रचारशील न था। हिन्दू समाज बनावटी जातिभेद प्रथा के कारण छोटी-छोटी श्रेणियों में विभक्त था। इसलिए उसके धर्म, नीति, सदाचार आदि समाज के सभी स्तरों में एक जैसे न थे और उनमें आपस में एक-दूसरे के प्रति घृणा भी काफी थी। समाज की ऐसी स्थिति में सबके लिए अपनापन सामाजिक जीवन से लुप्त हो गया था। विगत दो-तीन

शताब्दियों में बंगला के हजारों परिवार मुसलमान बन जाते पर भी जिस प्रकार हिन्दू समाज विचलित नहीं हुआ था, उसी प्रकार इस समय भी मिशनरियों के आक्रमण से वह व्यग्र न हुआ। लकीर का फकीर हिन्दू समाज कुछ पुरानी प्रथाओं और निषेधों को मानकर चलना, बारह महीनों में तेरह त्यौहार मनाना, तीर्थयात्रा और गंगास्नान करना, ब्राह्मण वैष्णवों को दान-दक्षिणा देना, खानपान, लेन-देन में कुछ निर्दिष्ट नियमों का पालन करना ही अपना धर्म मानता था। ब्राह्मणों में गिने चुने लोग ही न्यायशास्त्र और स्मृतिशास्त्र की चर्चा करते थे। वेद और वेदांत की चर्चा तो बंगभूमि से प्राय: विलुप्त ही हो गयी थी। धर्म की आड़ में धनी और बड़े लोगों का शोषण तथा उनके गुण कीर्तन द्वारा अर्थोपार्जन, मन्त्र देकर शिष्य के धन का अपहरण देशाचार, लोकाचार और स्त्री-आचार का पालन तथा सामाजिक दलबन्दी में ही ब्राह्मणगण व्यस्त रहते थे। सर्वसाधारण हिन्दुओं में ज्ञान विद्या की चर्चा को लेकर कोई उत्साह न था। अरबी, फारसी पढ़कर नौकरी कर लेना अथवा गृहस्थी का काम चलाने योग्य चिट्ठी-पत्री लिख लेना और हिसाब-किताब रखना ही शिक्षा का चरम आदर्श था। अंग्रेज राज्य के आरम्भ में धनी और बाबू बंगालियों का चरित्र कई तरह से भ्रष्ट हो चुका था। धनी लोग एक पत्नी के रहते हुए भी उसी के सामने ही कई उपपत्नियां रखते थे। वे विद्यासुन्दर की कविताओं में तथा आशुकवियों के अश्लील एवं कुरुचिपूर्ण संगीतमय की वाग्युद्ध के अभिनय से तृप्त रहते थे। कोलकाता के बाबू लोग बुलबुल की लड़ाई, पतंगों के पेंच तथा चटकीली भड़कदार पोशाक पहनकर वेश्याओं के साथ बगीचों में मौज उड़ाने में ही मस्त रहते थे।'

न्यूनाधिक रूप में समस्त हिन्दू समाज की यही स्थिति थी। इस प्रकार का पाखण्ड स्थायी नहीं रह सकता। इन कुरीतियों के विरोध में बंगाल में देवेन्द्रनाथ, ईश्वरचन्द्र विद्यासागर, केशवचन्द्र सेन आदि के नाम विशेष उल्लेखनीय हैं। इन्हीं महापुरुषों के समानान्तर गुजरात की भूमि में भी एक महापुरुष का उदय हुआ। वह महापुरुष थे- स्वामी दयानन्द सरस्वती, जिनका हिन्दू समाज सदा सर्वदा के लिए ऋणी रहेगा।

इन सभी महापुरुषों के हिन्दू धर्म में व्याप्त बुराइयों का विरोध किया। निश्चय ही स्वामी विवेकानंद इनसे प्रभावित हुए क्योंकि वह जन्मना कुप्रथाओं के विरोधी थे। इस विषय का यहां उल्लेख करने का हमारा यही तात्पर्य है।

## नरेन्द्रनाथ की उच्च शिक्षा

प्रवेशिका (एंट्रेन्स) परीक्षा उत्तीर्ण करने के बाद नरेन्द्रनाथ ने प्रेसीडेन्सी कॉलेज में प्रवेश लिया। प्रवेशिका परीक्षा में उन्हें दो वर्ष का अध्ययन एक वर्ष में पूरा करना पड़ा था। इस कठोर परिश्रम का उनके स्वास्थ्य पर प्रतिकूल प्रभाव पड़ा। इससे वह काफी दुर्बल हो गये थे। इसी समय उन्हें मलेरिया हो गया। इसके परिणामस्वरूप उन्हें कॉलेज छोड़ देना पड़ा और उनका एक वर्ष व्यर्थ चला गया।

1880 में उन्होंने 'जनरल असेम्बली इन्स्टीट्यूशन' में एफ.ए. में प्रवेश लिया। वह नये उत्साह के साथ अध्ययन करने लगे। उनके व्यक्तित्व से सहपाठी और अध्यापक सभी बड़े प्रसन्न थे। कुछ ही समय में अनेक छात्र उनके अच्छे मित्र बन गये। वह आरम्भ से ही एक चंचल स्वभाव के विद्यार्थी थे। कहने की आवश्यकता नहीं कि यहां भी वह उसी प्रकार चंचल और नटखट विद्यार्थी माने जाते थे। फिर भी समसामाजिक छात्रों के समान वह ईसाइयत और ब्रह्मसमाज से सर्वथा अप्रभावित थे। वह जीवन को नदी की बहती धारा के समान वर्जनाओं से मुक्त रखना चाहते थे। आडम्बर युक्त भलामानुष बनने के वह सर्वथा विरोधी थे, किन्तु इसका यह तात्पर्य नहीं कि वह सर्वथा 'स्वच्छन्द' थे। सदाचार, ब्रह्मचर्य और नैतिकता उनके जन्मजात गुण थे। किसी के व्यवहार से सहमत न होने पर वह स्पष्ट रूप में उसके सामने ही अपना विरोध व्यक्त कर देते थे। बहुधा वह अपने मित्रों को किसी अप्रिय व्यवहार के लिए तत्काल टोक देते थे। उस समय भले ही उस मित्र को वह बात बुरी लगती थी, किन्तु वह जानता था कि नरेन्द्रनाथ किसी से द्वेष या ईर्ष्या से ऐसा व्यवहार नहीं करते, अत: वह उनकी बात को तत्काल भूल जाता था। वस्तुत: किसी की व्यर्थ में आलोचना करना उनका स्वभाव नहीं था। हां, अपने किसी भी साथी या किसी बालक की गन्दी आदतों का वह उसी समय विरोध करने में पीछे नहीं रहते थे। श्री मजूमदार के शब्दों में–

'युवकों या बालकों का एक भी अपराध नरेन्द्र की दृष्टि में अक्षम्य था। किसी का आंखें तिरछी करके ताकना, मृदुहास्यपूर्ण नजाकत के साथ वार्तालाप करना, आंख से आंख मिलते ही शरमाकर नजरें झुका लेना, कोमल अंगभंगी और मन्थर गति से चलना तथा इसी प्रकार के अन्य स्त्री सुलभ हाव-भावों का प्रयत्नपूर्वक आचरण करना वे फूटी आंख भी नहीं देख

सकते थे। यदि कोई छात्र अनावश्यक विलासिता की सामग्रियों का व्यवहार करता, तो उसे नरेन्द्र की कठोर आलोचना के तीव्र वाक्यों के सामने सिर नीचा करके अपनी गलती को स्वीकार कर लेने के अतिरिक्त और कोई उपाय नहीं रहता।'

नरेन्द्र शारीरिक शक्ति में अपने सभी साथियों में अधिक थे। कुश्ती, क्रिकेट आदि में प्रारम्भ से ही उनकी रुचि थी। अध्ययन से थक जाने पर वह कभी-कभी हास-परिहास भी करते थे, किन्तु उनका यह मनोविनोद सर्वथा सात्विक होता था। उनके इस व्यवहार को देखकर कभी-कभी कुछ लोग उन्हें गलत समझकर आलोचना भी करने लगते थे, किन्तु नरेन्द्र इससे किसी प्रकार विचलित नहीं होते थे। वह अपनी आलोचना या निन्दा को प्राय: हंसी में टाल देते थे।

## सत्योन्मुख

उनकी बुद्धि बड़ी तीक्ष्ण थी। अपना पाठ उन्हें शीध्र ही याद हो जाता था। अतिरिक्त समय में वह खेल, व्यायाम, हास-परिहास आदि में व्यस्त रहते थे। अपने पाठ्यक्रम की पुस्तकों के अतिरिक्त वह उच्च साहित्य, दर्शन, इतिहास आदि का अध्ययन भी करते रहते थे। एफ.ए. में ही उन्होंने पाश्चात्य चिन्तक मिल आदि का अध्ययन कर लिया था। इसके बाद वह इर्बर्ट स्पेन्सर आदि का अध्ययन करने लगे थे। कॉलेज में उनकी गणना मेधावी छात्रों में होती थी। जनरल असेम्बली कॉलेज में दर्शन शास्त्र के प्रो. विलियम हेस्टी उनसे अत्यधिक प्रभावित थे। हेस्टी महोदय का उन पर विशेष स्नेह था। कदाचित् नरेन्द्रनाथ में उन्हें भावी विवेकानंद के पहले ही दर्शन हो गये थे। एक दिन उन्होंने स्पष्ट रूप कहा था- 'नरेन्द्रनाथ दर्शन शास्त्र के अत्युत्तम छात्र हैं। जर्मनी और इंग्लैंड के समस्त विद्यालयों में इनके समान मेधावी एक भी छात्र नहीं है।'

विज्ञान और दार्शनिक विचारधारा ने उनके हृदय में एक विचित्र स्थिति को जन्म दे दिया। सामाजिक संस्कार और तर्क का मन्थन उन्हें उद्वेलित करने लगे। उनकी इस मन:स्थिति को समझ पाना कठिन था। विभिन्न पाश्चात्य चिन्तकों की विचारधाराओं के अध्ययन से वह सत्य को जानने के लिए व्याकुल हो उठे। उनके मानस में प्रतिपल यही द्वन्द्व चलता रहता था कि इस रूपात्मक विश्व की संचालिका कोई अलौकिक शक्ति है अथवा

नहीं। मानव जीवन का लक्ष्य क्या है? अतः वह साहित्य, विज्ञान, इतिहास आदि के अध्ययन के साथ ही इन प्रश्नों का समाधान पाने के लिए भी चिन्तित रहते थे।

यदा-कदा कोई धर्म सम्बन्धी सभा होती और वहां कोई धर्म या ईश्वर पर व्याख्यान देता तो नरेन्द्रनाथ उससे पूछ बैठते, 'क्या आपने ईश्वर के दर्शन किये हैं?' ऐसे विचित्र प्रश्न सुनकर वह व्यक्ति नरेन्द्रनाथ की ओर देखने लगता। ऐसे में वह पुनः अपना प्रश्न दोहराते। वह व्यक्ति इस प्रश्न का समाधान विभिन्न प्रकार के तर्कों और दृष्टान्तों से करने का प्रयत्न करता, किन्तु इससे नरेन्द्र की जिज्ञासा शान्त न हो पाती। उन्होंने अनुभव किया कि इस प्रकार के सभी धर्म प्रचारक केवल वाणी के पण्डित होते, जो केवल खण्डन-मण्डन पर विश्वास करते। दूसरे धर्मों के दोष ढूंढ़ना ही उनका कार्य होता। ऐसे प्रचारक भला नरेन्द्रनाथ का ज्ञान पिपासा को क्या शान्त करते। वह समझ गये थे कि ऐसे प्रचारकों से कोई आशा करना बालू से तेल निकालने के समान है।

## ब्रह्मसमाज में

इस विचार मन्थन से वह राजा राममोहन राय द्वारा स्थापित ब्रह्मसमाज की ओर आकृष्ट हुए। उन्होंने राजा राममोहन राय लिखित पुस्तकों का अध्ययन किया। वह ब्रह्मसमाज की जाति भेद विरोधी विचारधारा से प्रभावित हुए। नरेन्द्रनाथ जातिप्रथा के जन्म से ही विरोधी थे। ब्रह्मसमाज महिलाओं को धार्मिक-सामाजिक सभी प्रकार के कार्यों में समान अधिकार देने का समर्थक था। सती प्रथा को बन्द कराने में राजा राममोहन राय का सराहनीय योगदान रहा था।

इस सबसे प्रभावित होकर नरेन्द्रनाथ ब्रह्मसमाज की सभाओं में जाने लगे। अपने कुछ मित्रों के साथ उन्होंने ब्रह्मसमाज की सदस्यता भी ले ली, किन्तु कुछ दिन बाद उन्होंने अनुभव किया कि ब्रह्मसमाज भी उनकी ज्ञानपिपासा शान्त नहीं कर पाएगा। वह ब्रह्मसमाज के सदस्य अवश्य बन गये थे, किंतु उसकी उपासना पद्धति से वह पूर्णतः सन्तुष्ट न थे। वह इसका विरोध करने लगे। ऐसे में जब कोई ब्रह्मसमाजी इसके पक्ष में तर्क देता तो नरेन्द्रनाथ पाश्चात्य सन्देहवादी दार्शनिकों के प्रबल तर्कों से उसे निरुत्तर कर देते।

राजा राममोहन राय की मृत्यु के बाद केशवचन्द्र सेन ने नवविधान समाज की स्थापना की। नवविधान समाज मूलत: ब्रह्मसमाज का अंग था फिर भी इसमें कुछ भिन्नताएं आ गयी थीं। प्रतीत होता है कि इसके सदस्य नरेन्द्रनाथ को नवविधान समाज में लाना चाहते थे, किंतु इसके सदस्यों का भावावेश में रुदन करना तथा केशवचन्द्र सेन को प्रेरित पुरुष मानना नरेन्द्रनाथ को स्वीकार्य नहीं था। वह ब्रह्मसमाज में रहते हुए भी उसकी आलोचना करने में पीछे नहीं रहते थे। वह रविवार को ब्रह्मसमाज की उपासना के समय अपने मधुर स्वर से प्रार्थना गाते तो उपस्थिति लोग मुग्ध हो जाते थे। वह बाल्यकाल से ही ध्यान लगाना सीख गये थे। महर्षि देवेन्द्रनाथ ठाकुर ने उनमें भावी विवेकानन्द को पहले ही देख लिया था। एक दिन वह नरेन्द्रनाथ से बोले, 'तुम्हारे प्रत्येक अंग में योगियों के लक्षण हैं। तुम ध्यान लगाया करो, इससे तुम्हें सत्य और शान्ति की प्राप्ति होगी।'

देवेन्द्रनाथ ठाकुर का नरेन्द्रनाथ सम्मान करते थे, अत: वह ध्यान लगाने का विशेष अभ्यास करने लगे। वह निरामिष भोजन करने लगे। इसके साथ ही भूमि शयन, सफेद धोती आदि की वेशभूषा भी उन्होंने अपना ली। उनके घर के पास ही उनकी नानी भी रहती थीं। नरेन्द्र को घर में ध्यान लगाने के लिए उपयुक्त वातावरण नहीं मिल पाता था। अत: वह इसके लिए नानी के घर चले जाते और वहां एकान्त में ध्यान का अभ्यास करते। उन्होंने इस विषय में घर वालों को भी कुछ नहीं बताया था। घर वाले समझते थे कि उन्हें घर में पढ़ाई के लिए एकांत नहीं मिलता, अत: वह नानी के घर चले जाते हैं। उनका यह अभ्यास लम्बे समय तक चलता रहा। ईश्वर को जानने की उनकी इच्छा दिन प्रतिदिन बलवती होती रही।

## श्रीरामकृष्ण परमहंस से प्रथम साक्षात्कार

नरेन्द्रनाथ समझ गये थे कि बिना किसी आत्मज्ञानी गुरु के आत्मसाक्षात्कार नहीं हो सकता। वह मन ही मन निश्चय कर चुके थे कि यदि उन्हें इस कार्य में सफलता नहीं मिली तो वह प्राणान्त कर लेंगे। एक ओर वह ब्रह्मसमाज की दीक्षा ले चुके थे, दूसरी ओर उन्हें गुरु की खोज करनी थी। प्रतीत होता है कि ब्रह्मसमाज उनकी ज्ञानपिपासा को शान्त नहीं कर पाया था। एक दिन (नवम्बर 1881) सिमुलिया मुहल्ले के ही एक सज्जन सुरेन्द्रनाथ मित्र ने श्रीरामकृष्ण परमहंस को अपने घर आमन्त्रित किया था। उनके

आगमन के उपलक्ष्य में घर में एक उत्सव आयोजित किया जा रहा था। मित्र महाशय किसी अच्छे गायक को घर पर बुलाना चाहते थे, किन्तु उन्हें इसमें सफलता नहीं मिली, अतः वह पड़ोस से नरेन्द्रनाथ को बुला लाए।

नरेन्द्रनाथ का कण्ठ बड़ा सुरीला था। उनके गाये भजनों से उपस्थित जनसमुदाय ही मन्त्रमुग्ध नहीं हुआ, अपितु स्वयं श्रीरामकृष्ण परमहंस भी अत्यधिक आनन्दित हुए। गाना सुनने के बाद उन्होंने नरेन्द्रनाथ की प्रशंसा भी की और उनका परिचय भी पूछा। नरेन्द्रनाथ ने उन्हें अपना परिचय दिया। इसके बाद श्रीरामकृष्ण चले गये और जाते समय उनसे कह गये कि वह दक्षिणेश्वर आएं, जहां उनका आश्रम था। उस समय शिष्टतावश नरेन्द्रनाथ ने हामी अवश्य भर ली, किन्तु वह उनसे विशेष प्रभावित नहीं हुए थे।

# गुरु के सान्निध्य में

नरेन्द्रनाथ एफ.ए. परीक्षा की तैयारी करने लगे। परीक्षाएं समाप्त होने के बाद उनके पिता उनका विवाह कर देना चाहते थे। पिता ने उनसे इसके लिए हठ भी किया क्योंकि कन्या का पिता दहेज में दस हजार रुपये नकद दे रहा था। नरेन्द्रनाथ पहले ही ब्रह्मचर्य व्रत पालन करने की ठान चुके थे। पिता व्यक्तिगत स्वतंत्रता के पक्षपाती थे। विवाह के प्रति पुत्र की अरुचि देख उन्होंने विशेषरूप से हठ नहीं किया किंतु अपने मित्रों से कहा कि वे नरेन्द्रनाथ को विवाह करने के लिए सहमत कराएं। विश्वनाथ दत्त के एक मित्र थे-डा. रामचन्द्र दत्त। उनका पालन-पोषण भी विश्वनाथ दत्त के ही घर में हुआ था और दोनों आपस में रिश्तेदार भी थे। विश्वनाथ दत्त ने यह कार्य डॉ. रामचन्द्र दत्त को ही सौंपा।

डॉ. रामचन्द्र दत्त ने उचित अवसर पाकर एक दिन नरेन्द्रनाथ को विवाह के लिए सहमत कराने का प्रयत्न किया, किंतु नरेन्द्रनाथ ने स्पष्ट शब्दों में कह दिया कि वह विवाह नहीं करेंगे और यह भी समझाया कि वह सत्य के दर्शन करना चाहते हैं। नरेन्द्रनाथ की पूरी बातें सुनने के बाद डॉ. रामचन्द्र दत्त ने उनसे कहा, "यदि वास्तव में सत्य की प्राप्ति ही तुम्हारा उद्देश्य है, तो ब्रह्मसमाज के बीच ही क्यों भटक रहे हो। इससे तुम्हें सफलता नहीं मिलेगी। सफलता प्राप्त करना चाहते हो, तो श्रीरामकृष्ण परमहंस के पास दक्षिणेश्वर जाओ।"

एफ. ए. परीक्षा की तैयारी करने में नरेन्द्रनाथ दक्षिणेश्वर को सर्वथा भूल जैसे गये थे। डॉक्टर दत्त से पुनः श्रीकृष्ण परमहंस का नाम सुनने पर उन्होंने वहां जाने का मन बनाया, इसके कुछ दिन बाद ही वह अपने दो-चार मित्रों के साथ दक्षिणेश्वर जा पहुंचे।

## तुम सप्तर्षि मण्डल के ऋषि हो

नरेन्द्रनाथ को सामने देखकर श्रीरामकृष्ण परमहंस उसके साथ इस प्रकार वार्तालाप करने लगे, मानो वह उन्हें युग-युगों से जानते हैं। प्रारंभिक

वार्तालाप समाप्त होने पर वह उन्हें एकान्त में ले गये। उसकी वाणी में स्नेह का असीम समुद्र लहराने लगा। नरेन्द्र का हाथ पकड़कर वह गद्‌गद् स्वर में बोले, 'इतने दिन तक मुझे विस्मृत कर तू कैसे रहा। मैं कब से तेरे आने की राह देख रहा हूं। विषयी लोगों के साथ बोलते-बोलते मेरा मुंह जल गया है। आज तेरे समान सच्चे त्यागी से बात कर मुझे शान्ति प्राप्त होगी।'

श्रीरामकृष्ण परमहंस की आंखों से अश्रुधारा बहने लगी। नरेन्द्रनाथ उन्हें एकटक देखे जा रहे थे। उनकी समझ में नहीं आ रहा था कि उन्हें क्या कहना चाहिए। तभी श्रीरामकृष्ण हाथ जोड़कर उनसे कहने लगे, 'मैं जानता हूं कि तुम सप्तर्षि मण्डल के ऋषि हो, नर रूपी नारायण हो, जीवों के कल्याण की इच्छा से तुमने यह शरीर धारण किया है।'

नरेन्द्रनाथ असमंजस में पड़ गये कि श्रीरामकृष्ण परमहंस क्या कहना चाहते हैं। उन्हें यह व्यवहार बड़ा विचित्र लगा। उनके मन में यह विचार भी आया कि कहीं श्रीरामकृष्ण पागल तो नहीं हैं। जब कुछ देर बाद वह पुनः अपने भक्तों से बातें करने लगे, तो नरेन्द्रनाथ ध्यान से उनके व्यवहार का निरीक्षण करने लगे, किंतु उन्हें उनमें ऐसा कोई भी लक्षण नहीं दिखायी दिया, जिससे उन्हें पागल कहा जा सकता। उनकी बातों का क्या अर्थ हो सकता है, इसी उधेड़बुन में वह वापस लौट आये।

वस्तुतः श्रीरामकृष्ण परमहंस एक सिद्ध महापुरुष थे। एक दिन उन्होंने अपनी दिव्य दृष्टि से देखा कि वह प्रकाशमान मार्ग से ऊपर उठते जा रहे हैं। विभिन्न ग्रहों से भरे स्थूल जगत को पारकर वह सूक्ष्म भाव जगत में पहुंचे। वह जितना ऊपर जाते, उन्हें अनेकानेक देवी-देवताओं की मूर्तियां दिखायी देतीं। शनैः शनैः वह उस राज्य की चरमसीमा पर पहुंच गये।। अपने इस अनुभव का वर्णन करते हुए उन्होंने स्वयं कहा था-

"... उस चरमसीमा पर आ पहुंचने पर मैंने देखा वह एक ज्योतिर्मय रेखा ने खण्ड और अखण्ड जगत को विभक्त कर दिया है। उस रेखा को पार कर मन अखण्ड राज्य में प्रविष्ट हुआ। मैंने देखा कि वहां कुछ भी साकार नहीं है। दिव्य शरीर वाले देवता भी मानो वहां प्रवेश करने से भयभीत होकर वहां से बहुत नीचे अपना अधिकार चला रहे हैं। दूसरे ही क्षण मैंने देखा कि वहां समाधि में सात ऋषि बैठे हुए हैं। मैं समझ गया कि ज्ञान और पुण्य तथा त्याग और प्रेम में उन्होंने मनुष्यों की तो बात दूर

देवताओं को भी बहुत पीछे छोड़ दिया है। मैं विस्मय में उनकी महानता के विषय में विचार कर ही रहा था कि सहसा सामने स्थित अखण्ड से भेद रहित ज्योतिमण्डल का एक अंश धनीभूत होकर एक दिव्य शिशु के रूप में परिवर्तित हो गया। उसने इन ऋषियों में से एक के समक्ष उतरकर अपनी सुललित भुजाओं से प्रेम सहित उसके गले को लपेट लिया। इसके बाद वह अपनी वाणी से भी मधुर ध्वनि से उन्हें समाधि से जगाने का भरसक प्रयत्न करने लगा। बालक के प्रेम सिक्त कोमल स्पर्श से ऋषि समाधि से जाग गये और अपलक उस बालक को देखने लगे। उनके मुख की प्रसन्नता और उज्ज्वलता को देखकर लगता था मानो वह बालक लम्बे समय से उनका परिचित और स्नेहनिधि हो। वह विचित्र देवशिशु कहने लगा, 'मैं जा रहा हूं तुम्हें आना होगा।' उसके इस अनुरोध पर ऋषि बोले तो कुछ भी नहीं, किंतु उनके प्रेमपूर्ण नेत्रों ने मानो स्वीकृति दे दी। इसके बाद कुछ देर तक वह बालक को प्रेमभरी दृष्टि से देखते रहे और फिर समाधिस्थ हो गये। उस समय मैंने देखा कि उन्हीं के शरीर और मन का एक अंश उज्ज्वल ज्योति के रूप में बदलकर विपरीत मार्ग से पृथ्वी पर उतर रहा है। नरेन्द्र को देखते ही मैंने समझ लिया कि यह वही दैवी पुरुष है।

समाज के अनेक संभ्रात व्यक्ति, विख्यात समाज सुधारक आदि भी श्रीरामकृष्ण के भक्त थे। ऐसा व्यक्ति योंही अनर्गल प्रलाप नहीं कर सकता। यही विचार कर नरेन्द्र घर पहुंचे। उनके मन में कई दिनों तक यही मंथन चलता रहा। फिर भी वह सुनी-सुनायी या भावुकतापूर्ण बातों पर विश्वास करने के पक्ष में नहीं थे। अतः उन्होंने मन ही मन निश्चय कर लिया कि वह श्रीरामकृष्ण परमहंस की परीक्षा लेंगे।

यद्यपि नरेन्द्रनाथ श्रीरामकृष्ण परमहंस को सहसा ही एक महापुरुष मानने को तैयार नहीं थे, तथापि न जाने कौन-सी ऐसी अदृश्य शक्ति कार्य कर रही थी कि वह बरबस दक्षिणेश्वर की ओर खिंचे चले जा रहे थे। वह न चाहते हुए भी वहां चले जाते और परमहंस की प्रत्येक गतिविधि को देखते रहते, किंतु उन्हें उनके व्यवहार में किसी प्रकार की कृत्रिमता अथवा छल-छद्म के दर्शन न होते। प्राणिमात्र के प्रति परमहंस का निष्काम प्रेम और दयाभाव उन्हें अनायास उनकी और आकृष्ट करने लगा। उन्होंने अनुभव किया कि परमहंस के संसर्ग में कई लोगों का जीवन पूर्णतया बदल चुका था।

जहां एक ओर नरेन्द्रनाथ ब्रह्मसमाज के सदस्य थे, वहीं वह नियमित

रूप से दक्षिणेश्वर भी जाने लगे। ब्रह्मसमाज की सदस्यता ग्रहण करते समय एक प्रतिज्ञापत्र पर हस्ताक्षर करने पड़ते थे- "मैं जीवनपर्यन्त निराकार ब्रह्म की उपासना करूंगा।" नरेन्द्रनाथ के साथ ही राखालचन्द्र घोष (बाद में ब्रह्मानन्द) ने भी ब्रह्मसमाज में प्रवेश लिया था। श्रीघोष पर परमहंस का विशेष स्नेह था। वह प्रायः दक्षिणेश्वर में ही रहते थे। एक दिन दक्षिणेश्वर जाने पर नरेन्द्रनाथ ने देखा कि राखालचन्द्र घोष काली की प्रतिमा को प्रणाम कर रहे थे। इससे नरेन्द्रनाथ को बड़ा क्रोध आया और उन्हें डांटने लगे। राखाल चुप हो गये किन्तु श्रीरामकृष्ण परमहंस बोले, "यदि उसे साकार रूप में आस्था है, तो वह क्या करेगा। यदि तुम्हें ऐसा करना अच्छा न लगे, तो तुम न करो। दूसरों की आस्था का विरोध करने का तुम्हें कोई अधिकार नहीं है।"

नरेन्द्रनाथ चुप हो गये। आश्चर्य की बात यह थी कि स्वयं साकार के उपासक होते हुए भी वह नरेन्द्रनाथ को निराकार की उपासना के लिए ही प्रेरित करते थे और उन्हें कभी ब्रह्मसमाज में न जाने के लिए नहीं कहते थे।

## नरेन्द्र में ज्ञानसूर्य विद्यमान

श्री रामकृष्ण दिव्यदृष्टि प्राप्त आत्मज्ञानी महात्मा थे। वह प्रायः अपने प्रवचनों में "मैं ही ब्रह्म हूं।" कह बैठते थे। ऐसा कथन किसी ब्रह्मज्ञानी का ही हो सकता है। वह यह भी समझ गये थे कि नरेन्द्रनाथ भले ही ब्रह्मसमाजी हो गये थे, किंतु फिर वेदान्त की ओर उन्मुख होना था, किंतु परमहंस के 'मैं ब्रह्म हूं' कथन को नरेन्द्रनाथ पाप समझते थे, पाप ही नहीं, महापाप। एक बार दक्षिणेश्वर के केशवचन्द्र सेन आदि शीर्षस्थ ब्रह्मसमाजी बैठे हुए परमहंस की वाणी सुन रहे थे। कुछ देर बाद सभी ब्रह्मसमाजी चले गये, किन्तु नरेन्द्रनाथ अभी वहीं थे। सहसा श्री रामकृष्ण बोले, "मैंने भावावस्था में देखा है कि केशवचन्द्र सेन ने जिस शक्ति के आधार पर प्रतिष्ठा पायी है, नरेन्द्र में वैसी ही अठारह शक्तियां हैं। केशव और विजय के मन में ज्ञानदीप जल रहा हैं और नरेन्द्र में ज्ञानसूर्य विद्यमान है।"

नरेन्द्र इस प्रकार की प्रशंसा को अनुचित समझते थे। वह बोल उठे "आप क्या कहते हैं? कहां विश्वविख्यात केशवचन्द्र सेन और कहां मैं एक स्कूल का विद्यार्थी। लोग यह बात सुनेंगे तो आपको पागल कहेंगे।"

"भला मैं क्या करूं, मां ने दिखा दिया तो कह रहा हूं।" मुस्कराते हुए परमहंस बोले।

"मां ने दिखा दिया या आपके मन का विचार है?" अविश्वासपूर्ण स्वर में नरेन्द्र ने कहा।

"यदि ऐसा होता तो यही विश्वास कर लेता कि यह मेरे मन का विचार है।"

परमहंस पर अगाध श्रद्धा रखने वाले कहते थे कि वह मां महाकाली से वार्तालाप करते हैं, किंतु नरेन्द्रनाथ इसे परमहंस के मन का भ्रम कहते थे। इस पर परमहंस के अनुयायी बहुधा उनसे उलझ पड़ते, किंतु नरेन्द्र की प्रबल तर्कशक्ति के आगे उन्हें चुप हो जाना पड़ता। अनेक ब्रह्मसमाजी भी श्रीरामकृष्ण पर अगाध आस्था रखते थे। विजय गोस्वामी नामक एक सज्जन ने परमहंस से प्रभावित होकर ब्रह्मसमाज से सम्बन्ध तोड़ लिया था। इसके बाद अनेक ब्रह्मों ने परमहंस के पास आना छोड़ दिया था, क्योंकि उन्हें भय हो गया था कि कहीं वे भी परमहंस के प्रभाव में आकर ब्रह्मसमाज से विमुख न हो जाएं किंतु नरेन्द्रनाथ सदा ही दक्षिणेश्वर आते जाते रहते थे। शिवनाथ नामक एक ब्राह्मण अपने साथियों पर दबाव डालने लगे कि वे परमहंस के पास जाएं। उन्होंने नरेन्द्रनाथ को परमहंस से विमुख करने के लिए कहा, "श्रीरामकृष्ण के लिए समाधि आदि उनके स्नायुओं की दुर्बलता है। अत्यधिक कठोरता से अभ्यास करने के कारण उनका शरीर दुर्बल हो गया है और मस्तिष्क का सन्तुलन बिगड़ गया है।"

नरेन्द्र समझ गये थे कि परमहंस पर मिथ्या दोषारोपण किया जा रहा हैं फिर भी उन्होंने इसके प्रत्युत्तर में कुछ नहीं कहा। वह परमहंस को अभी तक नहीं पहचान पाये थे। नरेन्द्र इतने दिन से ब्रह्मसमाज के सदस्य थे किंतु उन्हें समाज की प्रार्थनाओं से शान्ति नहीं मिलती थी। उनका चित्त सदा ईश्वर साक्षात्कार के लिए व्यग्र रहता था। अन्य ब्रह्मों की भी यही दशा थी। कदाचित् इससे नरेन्द्र का धीरे-धीरे ब्रह्मसमाज से मोहभंग हो रहा था।

इसी ऊहापोह में एक दिन वह घर से निकल कर गंगा के तट पर जा पहुंचे। उस समय देवेन्द्रनाथ ठाकुर नाव पर थे। नाव के तट पर आने पर नरेन्द्र भी उसमें चढ़ गये। वस्तुत: देवेन्द्रनाथ उन दिनों नाव पर ही रहते थे। उस समय वह नाव पर बनी कुटिया में ध्यानमग्न थे। नरेन्द्रनाथ दरवाजे को धक्का देकर अन्दर गये। तो उनका ध्यान टूट गया। अन्दर प्रविष्ट होते ही

बिना किसी प्रकार की भूमिका बांधे नरेन्द्र ने उनसे प्रश्न किया, "क्या आपने ईश्वर को देखा है?" इस अप्रत्याशित प्रश्न से पहले तो देवेन्द्रनाथ स्तम्भित जैसे रह गये, किंतु कुछ ही देर बाद वह बोले, "नरेन्द्र, तुम्हारी आंखों में देखकर मुझे लगता है कि तुम एक योगी हो।" इसके बाद उन्होंने नरेन्द्रनाथ को परामर्श दिया कि वह निरन्तर ध्यान का अभ्यास करें। इसी से उन्हें आत्मसाक्षात्कार होगा।

इस परामर्श से नरेन्द्र की जिज्ञासा शान्त नहीं हुई। वह निराश होकर वहां से लौट आये। वह समझते थे कि महर्षि देवेन्द्रनाथ ने अवश्य ही ईश्वर के दर्शन किये होंगे। इसीलिए वह उन पर अपार श्रद्धा रखते थे। अब उनकी समझ में नहीं आ रहा था कि क्या करना चाहिए और किसके पास जाना चाहिए।

## गुरु की परीक्षा

आत्मसाक्षात्कार न हो पाने से नरेन्द्रनाथ के चित्त की अशान्ति बढ़ती जा रही थी। उन्हें दर्शन शास्त्र के सिद्धान्तों से भी विरक्ति होने लगी, क्योंकि इनसे ब्रह्मज्ञान होना उन्हें असम्भव प्रतीत हो रहा था। दर्शन की पुस्तकों को व्यर्थ समझकर उन्होंने फेंक दिया। उस रात वह ठीक से सो भी नहीं सके रात भर वैचारिक मन्थन चलता रहा। प्रात: होते ही वह सीधे दक्षिणेश्वर पहुंचे। उस समय श्रीरामकृष्ण परमहंस अपने शिष्यों के सम्मुख प्रवचन दे रहे थे। नरेन्द्र भी उनसे वही प्रश्न करना चाहते थे, जो उन्होंने देवेन्द्रनाथ से किया था, किंतु भय था कि कहीं वह भी उसी प्रकार अस्पष्ट सा उत्तर न दे दें। अन्तत: उनसे न रहा गया और पूछ बैठे, "महाराज! क्या आपने ईश्वर के दर्शन किये हैं?"

परमहंस मुस्कराते हुए बोले, "बच्चे! मैंने ईश्वर के दर्शन किए हैं। मैंने ईश्वर को जैसे तुम्हें देख रहा हूं इससे भी अधिक प्रत्यक्ष रूप में देखा है।"

नरेन्द्र आश्चर्यचकित रह गये। वह कुछ बोलते, इससे पहले ही परमहंस पुन: बोल उठे, "क्या तुम भी ईश्वर के दर्शन करना चाहते हो? यदि तुम मेरे कहे अनुसार चलो? तो मैं तुम्हें उसके दर्शन करा सकता हूं।"

परमहंस के इन शब्दों से नरेन्द्रनाथ में एक नवीन आशा का संचार हुआ। उन्हें किसी प्रकार के संशय की प्रतीति नहीं हुई। वह समझ गये कि उन्हें श्रीरामकृष्ण जैसे मार्गदर्शक की ही आवश्यकता है, किंतु वह यह भी जानते

थे कि ईश्वर का साक्षात्कार करना इतना सरल कार्य नहीं है। यों भी अभी वह ब्रह्मसमाज के सदस्य थे। ब्रह्म संस्कारों से इतनी शीघ्रता से मुक्त होना भी कठिन था और साथ ही वह अपने भावी गुरु की पूरी तरह परीक्षा भी लेना चाहते थे।

इधर कई दिनों तक वह दक्षिणेश्वर नहीं गये। परमहंस के लिए उनका वियोग असह्य हो गया। रविवार को सभी ब्रह्म प्रार्थना में उपस्थित होते थे। एक रविवार को वह सायंकाल नरेन्द्र से मिलने स्वयं साधारण समाज की प्रार्थना में जा पहुंचें। ब्रह्मसमाज के कई आचार्य ईश्वर पर व्याख्यान दे रहे थे। परमहंस उनके पास ही चले गये। नरेन्द्रनाथ उनके आने का कारण समझ गये, किंतु उन्हें यह देखकर भारी दुःख हुआ कि मंच पर बैठे आचार्य या किसी भी अन्य ब्रह्म ने परमहंस से बात भी नहीं की। यही नहीं, उनके मुख के हावभावों को देखकर लग रहा था कि उन्हें वहां आना अच्छा नहीं लगा। ईश्वर पर प्रवचन सुन उन्हें परमहंस खड़े-खड़े ही ध्यानावस्थित हो गये। वह गिर पड़ते कि इससे पहले ही नरेन्द्रनाथ ने उन्हें संभाल लिया, किंतु अन्य किसी ब्रह्म-समाजी ने इसमें सहायता नहीं की। परमहंस के इस रूप को देखने के लिए वहां उपस्थित सामान्य जनसमुदाय उतावला हो उठा, किंतु संकीर्ण हृदय ब्रह्मों ने बत्तियां बुझा दीं। नरेन्द्रनाथ किसी प्रकार परमहंस को पिछले दरवाजे से बाहर ले आये और उन्हें दक्षिणेश्वर भेज दिया।

परमहंस के प्रति ब्रह्मों का यह उपेक्षापूर्ण व्यवहार देखकर नरेन्द्रनाथ को भारी दुःख हुआ। इस घटना से ब्रह्मसमाज से उनका पूरी तरह मोह भंग हो गया। इसके बाद वह कभी ब्रह्मसमाज की प्रार्थना में नहीं गये। उन्होंने ब्रह्मसमाज से पूर्णतया सम्बन्धविच्छेद कर लिया। यही वह घटना थी, जिससे नरेन्द्रनाथ परमहंस और ब्रह्मों की तुलना करने को बाध्य हुए। एक ओर वह निश्च्छल परमहंस को देखते और दूसरी ओर ईश्वर प्रार्थना में गिड़गिड़ाने वाले ब्रह्मों को। प्रार्थना करते समय ब्रह्मों को रोना और अपनी निन्दा करना नरेन्द्र को पहले से ही अच्छा नहीं लगता था। वह नहीं चाहते थे कि मनुष्य स्वयं को हेय समझे। वह प्रत्येक अतार्किक आचरण का स्पष्ट रूप में विरोध करते थे। इसलिए कई ब्रह्म उनके पहले से ही विरोधी भी हो गये थे। श्रीरामकृष्ण परमहंस उनके इस गुण को अच्छी तरह जानते थे और उनकी स्पष्टवादिता की प्रशंसा करते थे।

बचपन से ही नरेन्द्रनाथ तर्क को महत्त्व देते थे। यद्यपि अब उनका ब्रह्मसमाज से कोई सम्बन्ध नहीं रह गया था, तथापि वह परमहंस के आगे इतनी शीघ्रता से समर्पण नहीं करना चाहते थे। वह उनकी और अधिक परीक्षा लेना चाहते थे। इसी उद्देश्य से वह उनके पास अधिक जाने लगे और यदा-कदा रात्रि में भी दक्षिणेश्वर में ही रह जाते। परमहंस कुछ कहते तो नरेन्द्र उनकी बात हंसी में उड़ा जाते। इससे उनके शिष्य उन्हें घमण्डी समझते, किंतु जो लोग नरेन्द्रनाथ की वास्तविकता को जानते थे, उन्हें इससे किसी प्रकार का दु:ख या आश्चर्य नहीं होता। एक दिन परमहंस उनसे बोले, "नरेन्द्र! यदि तू मेरी बात ध्यान से नहीं सुनता, तो यहां क्यों आता है?"

नरेन्द्र तपाक से बोले, "आपसे प्रेम है, इसलिए आता हूं, न कि आपकी बातें सुनने के लिए।"

अन्य लोगों को नरेन्द्रनाथ का यह उत्तर बड़ा ही अशिष्ट लगा और तत्काल ही नरेन्द्र को भी अनुभव हुआ कि वह अनुचित बात कह बैठे हैं, किन्तु परमहंस उनके इस उत्तर से प्रसन्न हो उठे। नरेन्द्र परमहंस से हासपरिहास करने से भी नहीं चूकते थे। एक दिन वह बोले, "पुराणों में लिखा है कि राजा भरत हिरन के बारे में सोचते-सोचते मरे, तो मरने के बाद हिरन ही बने। आप मेरे बारे में सोचते रहते हैं, आपकी दशा भी मेरे ही समान होगी।" इस पर परमहंस बड़े ही स्नेह से बोले, "सच तो है रे! मैं तो तुझे देखे बिना, रह ही नहीं सकता, फिर क्या होगा भला!"

एक दिन परमहंस अपने शिष्यों को उपदेश दे रहे थे कि न जाने क्यों, वह दौड़ते हुए मन्दिर के अन्दर काली की मूर्ति के पास चले गये। थोड़ी देर में वह हंसते हुए लौटे और नरेन्द्र से बोले, "जा मूर्ख! मैं तेरी बात नहीं सुनता। मां मुझसे कहती है, तू नरेन्द्र को साक्षात नारायण समझता है, अत: उससे प्रेम करता है। जिस दिन उसके भीतर नारायण को नहीं देखेगा, उसका मुंह भी नहीं देख पाएगा।

इसी प्रकार एक दिन श्रीरामकृष्ण अपने शिष्यों से बोल रहे थे। वह अपनी ओर संकेत करते हुए बोले, "इसके भीतर रहने वाला 'शक्ति' है।" फिर नरेन्द्र की ओर संकेत करते हुए बोले, "उसके भीतर रहने वाला पुरुष है। वह मेरी ससुराल है।

उनकी बात को केवल पागलपन समझकर नरेन्द्रनाथ हंस पड़े । नरेन्द्र के प्रति परमहंस का व्यवहार सामान्य बालकों जैसा होता था, जिसे नरेन्द्र

कोई महत्त्व नहीं देते थे और हंसी में ही टाल देते थे। परमहंस भी इस बात को समझते थे।

एक दिन सूर्यास्त के समय श्रीरामकृष्ण परमहंस नित्य की तरह अपने भक्तों को ईश्वर, परमार्थ आदि विषयों पर उपदेश दे रहे थे। धीरे-धीरे भगवान भुवन भास्कर अपनी किरणों को समेट रहे थे। कुछ ही देर बाद मन्दिरों में पूजा होने वाली थी। परमहंस भले ही उपदेश सभी शिष्यों को दे रहे थे, किन्तु देख वह केवल नरेन्द्रनाथ को ही रहे थे। सहसा वह अपने स्थान से उठे और नरेन्द्र के समीप पहुंचे। उन्होंने अपना दाहिना पांव नरेन्द्र के कन्धे पर रख दिया। इस स्पर्श से नरेन्द्र को जो अनुभूति हुई वह सर्वथा अवर्णनीय थी। इस अवस्था का वर्णन करते हुए स्वामी विवेकानंद ने लिखा है-

''उस समय मेरा अपूर्व भावान्त हो गया। मैंने अनुभव किया कि मानो आस-पास की सभी वस्तुएं एक अनन्त सत्ता में विलीन हो रही हैं, केवल मैं ही रह गया हूं। अन्त में मेरा 'मैं' भी विलीन होने लगा। मैं भयमिश्रित विस्मय से चीत्कार कर उठा कि अरे आपने यह क्या कर डाला, मेरे मां बाप जो है...।''

इसके बाद श्रीरामकृष्ण परमहंस ने उनके वक्ष पर हाथ रखा, तो वह सामान्य अवस्था में आ गये। इसके बाद उन्हें लगा कि कोई अद्‌भुत पुरुष उनके सामने खड़ा है। वह (परमहंस) हंस रहे थे। आज तक नरेन्द्रनाथ उनकी खिल्ली उड़ाते थे और अपनी तर्क शक्ति पर अधिक विश्वास करते थे, किन्तु इन अनुभव से उनका बौद्धिक कायाकल्प हो गया था। इस महापुरुष की अहैतु की कृपा से उन्हें शक्तिपात की अनुभूति हो गयी थी। अपनी तर्कबुद्धि पर उनका अभिमान चूर-चूर हो गया। वह समझ गये कि जो व्यक्ति अपने स्पर्शमात्र से उन्हें अलौकिक अनुभव करा सकता है, उसे पागल कहना उनकी मूर्खता थीं। फिर भी संशय ने उनका साथ नहीं छोड़ा, दूसरे ही पल उनके मन में विचार आया कि कहीं परमहंस ने उन्हें सम्मोहित तो नहीं कर दिया था, अत: उन्होंने मन ही मन निर्णय लिया कि अब वह इस विषय में सावधान रहेंगे।

इन दिनों नरेन्द्रनाथ बी.ए. के विद्यार्थी थे। इस अध्ययन के साथ-साथ वह प्रख्यात अटार्नी निमाईचन्द्र वसु के पास अटार्नी का कार्य भी सीख रहे थे। उनके पिता उनका विवाह करने के लिए अधिक क्रियाशील हो उठे।

पिता उनके दक्षिणेश्वर जाने के विषय में जानते थे, किन्तु इसे चिन्ता का विषय नहीं समझते थे।

नरेन्द्र के घर पर भीड़भाड़ रहती थी, अत: वह रामतनु वसुलेन में अपनी नानी के घर पर एक कमरे में रहते थे, इससे उन्हें अध्ययन में सुविधा रहती थी। पिता विश्वनाथ दत्त एक सम्पन्न व्यक्ति थे, किन्तु नरेन्द्र अत्यन्त सादगी से रहते थे। उनका बिस्तर बड़ा ही साधारण था, जिस पर पुस्तकें बिखरी रहती थीं। उनके पास पुस्तकें, कुछ आवश्यक सामग्री और एक तानपूरे के अतिरिक्त कोई सामान नहीं था। वह पूर्ण ब्रह्मचर्य के साथ रहते हुए आत्मसंयम की साधना करते थे।

वह धीरे-धीरे श्रीरामकृष्ण परमहंस से अधिक प्रभावित होते जा रहे थे। उनके घर वालों को उनके दक्षिणेश्वर जाने पर कोई आपत्ति नहीं थी, किन्तु एक संन्यासी से अधिक घनिष्टता उन्हें पसन्द नहीं थी। फिर भी वे इसका विरोध करने का साहस नहीं कर पाते थे। यदि कोई उन्हें विवाह के लिए सहमत कराने का प्रयत्न करता तो वह इसका प्रबल विरोध करते। यही कारण था कि घर वाले नहीं चाहते थे कि वह परमहंस से अधिक सम्पर्क रखें।

बी.ए. की परीक्षाएं पास आ रही थीं। नरेन्द्र के पिता चाहते थे कि इसके बाद उनका विवाह कर दिया जाए। उन्होंने नरेन्द्र के मित्रों से कहा था कि वे उन्हें इसके लिए सहमत कराएं। एक दिन उनके मित्र अनेक प्रकार से उन्हें समझाने लगे कि आत्मा-परमात्मा, सत्संग आदि के चक्कर में पड़ना व्यर्थ है। मनुष्य को वही कार्य करना चाहिए, जिससे उसका जीवन सुखी हो। मित्रों के इस प्रकार के तर्कों से वह खिन्न हो गये और बोले कि 'संन्यास मानव जीवन का परम लक्ष्य होना चाहिए।' मानव जीवन के सुखों के पीछे भागना मूर्खता है। परमसुख-परमात्मा को प्राप्त करने का प्रयत्न करना चाहिए।

नरेन्द्रनाथ संन्यास की महिमा का महत्त्व समझाने लगे और उनके मित्र इसे व्यर्थ सिद्ध करने का प्रयत्न कर रहे थे। नरेन्द्र उनके तर्क को किसी प्रकार स्वीकार करने के लिए सहमत न हुए, तो उनका एक मित्र बोला, ''नरेन्द्र! भगवान की कृपा से तुम्हें बुद्धि और प्रतिभा प्राप्त हुई थी, तुम चाहते तो जीवन में कुछ करके दिखा सकते थे, किंतु लगता है कि श्रीरामकृष्ण परमहंस ने तुम्हारी मति उलट दी है। यदि अपना भला चाहते हो, तो पागल संन्यासी का साथ छोड़ दो, अन्यथा तुम्हारा सर्वनाश निश्चित है।''

नरेन्द्र उनकी बातें सुनते रहे। कुछ देर चुप रहे, फिर अपने कमरे में टहलने लगे। सहसा वह गम्भीर हो उठे और बोले "भैया! आप लोग परमहंस को नहीं पहचान पा रहे हैं। आप ही क्या स्वयं मैं भी अभी तक उन्हें नहीं समझ पाया हूं, फिर भी मैं उन्हें क्यों चाहता हूं, मैं नहीं जानता" मित्र आगे कुछ नहीं बोल सके।

## पितृशोक

बी.ए. की परीक्षाएं समाप्त हुई। परीक्षाओं में नरेन्द्र ने कठोर परिश्रम किया था। इन दिनों वह स्वयं को बड़ा हल्का अनुभव कर रहे थे। उनके मित्र उन्हें साथ ले जाते। मित्रमण्डली किसी स्थान पर जमी रहती। बखूब गप्पें होतीं। हास-परिहास, गायन वादन के दौर चलते। न चाहते हुए भी मित्रों के अनुरोध पर नरेन्द्र को उनमें भाग लेना पड़ता। एक दिन रात्रि के समय नरेन्द्र इसी प्रकार की मण्डली में बैठे हुए थे। उसी समय एक व्यक्ति वहां आया और नरेन्द्र को सूचना दी कि उनके पिता की हृदयगति रुक जाने से मृत्यु हो गयी है। निश्चय ही यह सूचना वज्राघात के समान थी। वह वहां से शीघ्र चल पड़े। घर पहुंचने पर देखा कि मां, भाई-बहिन परिवार के सभी सदस्य पिता की मृत देह के चारों ओर बैठे रो रहे हैं। नरेन्द्र भी अपने आंसू नहीं रोक सके।

पिता की मृत्यु के बाद परिवार को आर्थिक संकट ने आ घेरा। विश्वनाथ दत्त जितना कमाते थे, सब खर्च डालते थे। भविष्य और बाल-बच्चों के लिए उन्होंने कभी कुछ सोचा ही नहीं था। विधवा मां परिवार के भरण-पोषण की चिन्ता सताने लगी। नरेन्द्रनाथ की समझ में भी नहीं आया कि क्या करना चाहिए। पिता के रहते उन्हें इस विषय में विचार करने की कभी आवश्यकता ही नहीं पड़ी थी। वह इस विषय में किसी भी मित्र को कुछ बताना नहीं चाहते थे। बड़ा पुत्र होने के नाते अब परिवार का भरण-पोषण उन्हीं का उत्तरदायित्व था। एक ओर उन्हें कानून की परीक्षा की तैयारी करनी थी। दूसरी ओर इस विपत्ति ने आ घेरा।

नरेन्द्र कानून की परीक्षा की तैयारी के साथ ही अपने लिए नौकरी भी ढूंढ़ने लगे। सांसारिक जीवन में उनके लिए यह भीषण संघर्ष का समय था। लगातार तीन-चार माह तक इधर-उधर भटकने पर भी कोई नौकरी नहीं मिली। उस समय उनके परिवार की दशा वास्तव में दयनीय हो गयी थी।

यहां तक कि घर वालों को भरपेट अन्न भी नहीं मिल पाता था। यद्यपि मां किसी प्रकार जो कुछ मिलता भोजन बना देती और बच्चों से कुछ नहीं कहतीं, तथापि नरेन्द्र घर की वास्तविक दशा से परिचित थे। ऐसे में कई बार वह, "मुझे कहीं निमन्त्रण है।" कहते हुए बाहर निकल जाते और भूखे ही रहते। इस प्रकार कई दिन उन्होंने दिन में एक बार ही भोजन किया। परिणामस्वरूप वह बहुत दुबले हो गये। उनके अनेक मित्र उनकी आर्थिक सहायता करना चाहते थे, किंतु जन्मजात स्वाभिमानी नरेन्द्र के लिए किसी से सहायता लेना उनके सिद्धान्तों के विरुद्ध था। मित्र भी उनके इस स्वभाव को जानते थे, किंतु वे क्या करते; वे नरेन्द्र को भूखा भी नहीं देख सकते थे। अतः सभी मित्र उन्हें बारी-बारी से भोजन करने लिए आमन्त्रित करने लगे।

पिता के जीवनकाल में जो मित्र उनके सच्चे शुभचिन्तक होने का दावा करते थे, परिस्थितियां प्रतिकूल होने पर उन सबने मुंह फेर लिया। इस समय नरेन्द्र की स्थिति फटेहाल जैसी हो गयी थी। घाव के ऊपर फोड़े की उक्ति को चरितार्थ करती हुई एक अन्य विपत्ति भी आ पड़ी। नरेन्द्र के अपने ही खानदान के एक व्यक्ति ने उनके पैतृक मकान पर अपना अधिकार जताते हुए उन पर मुकदमा कर दिया। नरेन्द्र को ईश्वर पर अगाध आस्था थी। एक दिन वह प्रातःकाल भगवान का नाम लेकर उठ रहे थे, तो उनकी मां झल्ला पड़ीं, 'चुप हो जाओ, बचपन से बस भगवान-भगवान; इस भगवान ने ही तो ये दिन दिखाये हैं।"

धर्मप्रवण मां में इस प्रकार का परिवर्तन देखकर नरेन्द्रनाथ को कोई आश्चर्य नहीं हुआ, किंतु वह सोचने के लिए बाध्य अवश्य हुए कि क्या इस प्रकार की विपन्न अवस्था में भी ईश्वर को दया नहीं आती? क्या वह इतना कठोर है? क्या उसे दयालु, शिव आदि कहना सर्वथा अनुचित है? नरेन्द्र अपने इस संशय को कभी-कभी अपने मित्रों के सामने व्यक्त भी कर देते, इससे अनेक लोग समझ बैठे कि नरेन्द्र को ईश्वर पर विश्वास नहीं रहा। कुछ दिनों में अनेक लोग चर्चा करने लगे कि नरेन्द्र नास्तिक हो गया है। दुर्जन संवादों की शृंखला सज्जन को भी दुष्ट सिद्ध कर देती है। धीरे-धीरे अनेक लोग कहने लगे कि नरेन्द्र पतित हो गया है। अपनी व्यस्तता के कारण इन दिनों नरेन्द्र दक्षिणेश्वर भी नहीं जा पाते थे। श्री रामकृष्ण परमहंस नरेन्द्र की वास्तविकता जानते थे। उनका मन नरेन्द्र से मिलने के लिए

व्याकुल हो उठता था। उन्होंने कुछ लोगों को उन्हें बुलाने के लिए भी भेजा। कुछ लोग नरेन्द्र की बदनामी के विषय में सुनकर उनकी परीक्षा लेने भी गये। उनके कहने के ढंग से नरेन्द्र उनके आने का कारण जान गए। उन्होंने अनुमान लगाया कि कदाचित् उन्हें भी उनके पास परमहंस ने ही भेजा हो। अतः वह परमहंस के विषय में भी आवेश में कटु शब्दों का प्रयोग कर गये।

इनमें कुछ लोग परमहंस के पास गये और नरेन्द्र के व्यवहार से रुष्ट होकर उन्होंने भी यही कहा कि वह पतित हो गये हैं। परमहंस जानते थे कि भीषण परिस्थितियों से खिन्न होकर ही नरेन्द्र के मुंह से ऐसी बातें निकली हैं। उन्होंने उन लोगों का फटकारा, ''चुप रहो मूर्खों ! मां ने (काली) बताया है कि वह कभी ऐसा नहीं हो सकता। फिर कभी ऐसा कहोगे, तो मैं तुम्हारा मुंह भी नहीं देखूंगा।''

यह बात नहीं कि सभी नरेन्द्र की निन्दा करते थे। कई लोग जो उनकी वास्तविकता से परिचित थे, उनकी प्रशंसा भी करते थे। यद्यपि नरेन्द्रनाथ किसी के आगे गिड़गिड़ाना नहीं चाहते थे, चाहे वह ईश्वर ही क्यों न हो इसीलिए वह परमहंस के पास भी नहीं जा रहे थे, तथापि परमहंस के प्रति हृदय में अपार सम्मान था। वह उन दिनों ईश्वर की आलोचना करने का कोई भी अवसर हाथ से नहीं जाने देते थे, किंतु इसका यह अर्थ नहीं कि वह वास्तव में नास्तिक हो गये थे। वस्तुतः आर्थिक परिस्थितियों ने उन दिनों उन्हें चिड़चिड़ा बना दिया था। कभी-कभी वह एकान्त में विचार करते कि क्या मेरा जन्म सांसारिक बंधनों में आबद्ध होने के लिए ही हुआ है। क्या पारिवारिक उत्तदायित्वों का निर्वाह ही मेरे जीवन का लक्ष्य है। फिर न जाने क्या हुआ कि उन्होंने गृह त्याग करने की ठान ली।

## परमहंस की कृपा

इन्हीं दिनों श्रीरामकृष्ण परमहंस किसी के घर आये हुए थे। इसकी सूचना मिलते ही नरेन्द्रनाथ भी वहां जा पहुंचे। वस्तुतः वह परमहंस की आज्ञा से संन्यास ग्रहण करना चाहते थे, किंतु वहां जाने पर परमहंस ने उन्हें आदेश दिया कि वह दक्षिणेश्वर पहुंचें। निदान दूसरे दिन उन्हें वहां जाना पड़ा।

नरेन्द्र के वहां जाते समय परमहंस अपने शिष्यों के बीच बैठे हुए थे। वहीं नरेन्द्र भी एक स्थान पर बैठ गये। परमहंस उन्हें अपलक नेत्रों से देखते रहे। उनकी आंखों से अविरल अश्रुधारा बहने लगी। वह बोल कुछ नहीं रहे

थे। उनका यह व्यवहार देख न जाने किस अदृश्य शक्ति के वशीभूत होकर नरेन्द्र का आवेग भी आंखों से बह चला। दोनों बिना पलक झपकाए एक दूसरे को देखते जा रहे थे। यह दो महान आत्माओं का मूक वार्तालाप था, जिसे अन्य कोई नहीं समझ सकता था। बहुत देर तक दोनों इसी अवस्था में रहे। फिर परमहंस उठ खड़े हुए, उन्होंने मौन तोड़ा और बोले, ''बच्चे! बिना कामिनी और कंचन का त्याग किये कुछ नहीं होगा।''

उस रात्रि नरेन्द्रनाथ परमहंस के पास ही रहे। परमहंस ने उन्हें कई तरह से समझाया कि शरीर रहने तक उन्हें इस संसार में रहना ही होगा और उन्होंने इस पर विशेष बल दिया कि उन्होंने (नरेन्द्र ने) किसी विशेष उद्देश्य के लिए ही जन्म लिया है।

मकान के मुकदमे के कारण पहले नरेन्द्र खिन्न और उद्विग्न जैसे हो गये थे, किंतु अब उनकी उद्विग्नता जाती रही। मां भुवनेश्वरी देवी भी मुकदमे के कारण दु:खी रहती थीं। नरेन्द्र ने उनका साहस बढ़ाया और पूर्ण मनोयोग से मुकद्दमे की तैयारी करने लगे। उनके पारिवारिक प्रतिपक्षी मकान का अच्छा हिस्सा स्वयं लेना चाहते थे। वे जानते थे कि नरेन्द्र और उसकी मां की आर्थिक स्थिति अच्छी नहीं है, अत: वे हार जाएंगे। नरेन्द्र के पास वकील रखने के लिए पैसे नहीं थे, किंतु उनके पिता के मित्र बैरिस्टर उमेशचन्द्र बन्धोपाध्याय ने मुकदमा लड़ने का उत्तरदायित्व अपने ऊपर ले लिया।

इस मुकदमे में नरेन्द्रनाथ को भी अदालत में जाना पड़ता था। वह निर्भीकता के साथ प्रतिपक्ष के वकील के प्रश्नों का उत्तर देते। उनकी इस निर्भीकता तथा तर्कशक्ति से जज बड़े प्रभावित हुए थे। कहा जाता है कि वह अदालत में ही बोले उठे, ''युवक तुम एक सफल वकील बनोगे। अन्त में इस मुकदमें का निर्णय नरेन्द्र के पक्ष में रहा। निर्णय सुनाये जाने के बाद जब वह इसकी सूचना देने अपनी मां के पास जा रहे थे, तो उनके प्रतिपक्षी वकील ने उनका हाथ पकड़ लिया। वह उनकी प्रशंसा करता हुआ बोला, ''नरेन्द्र! जज ने ठीक ही कहा था। मैं समझता हूं, तुम्हारे लिए वकील बनना ही उचित रहेगा। मैं तुम्हारे उज्ज्वल भविष्य की कामना करता हूं।''

घर जाकर नरेन्द्र ने मां को मुकदमा जीतने की सूचना दी, तो मां गद्‌गद् हो उठी। उन्होंने नरेन्द्र को गले लगा लिया। वस्तुत: ऐसी विपन्न अवस्था में यदि उनसे घर भी छिन जाता, तो उनके पास सिर छिपाने के लिए जगह भी नहीं रह जाती।

मुकदमा जीतने के बाद भी परिवार के भरण-पोषण की समस्या पूर्ववत बनी हुई थी। नरेन्द्र ने विचार किया कि इस विषय में भी श्रीरामकृष्ण का आशीर्वाद प्राप्त करना चाहिए। अतः वह दक्षिणेश्वर गये। उन्होंने परमहंस से कहा, ''महाराज! मेरे परिवार को केवल दो जून का भोजन मिल जाए। इसके लिए भगवती काली से प्रार्थना करिए।" उनकी बात सुनकर वह बोले, 'सुन रे! मैं मां से कभी कुछ नहीं मांगता। तुम लोगों का कल्याण हो, इसके लिए एक अनुरोध किया था, किंतु तू तो मां को मानता ही नहीं, अतः मां तेरी बात पर ध्यान नहीं देती।''

नरेन्द्र क्या कहते उन्होंने सिर झुका लिया। परमहंस अपने इस शिष्य को दुःखी नहीं देख सकते थे, किन्तु वह उनकी परीक्षा अवश्य लेना चाहते थे। वह बोले, ''मां की कृपा बिना कुछ नहीं होगा।'' उन्होंने यह वाक्य कई बार दुहराया, किन्तु नरेन्द्र कुछ नहीं बोले। अन्त में परमहंस स्वयं बोले, 'सुन आज मंगलवार है। आज रात्रि में मां के मन्दिर में जाकर उसे प्रणाम कर और तब जो कुछ तू मांगेगा। मां वही तुझे दे देगी।''

नरेन्द्र को इन शब्दों पर विश्वास था या नहीं इस विषय में निश्चित रूप से कुछ नहीं कहा जा सकता। फिर भी वह ऐसा करने के लिए सहमत हो गये। सन्ध्या होने पर मन्दिर में पूजा हुई। परमहंस बरामदे में टहलते हुए कीर्तन करने लगे। इसके कुछ देर बाद मन में अनेक प्रकार के संशय लिये हुए नरेन्द्र काली के मन्दिर में गये। वह मां की प्रतिमा के समक्ष हाथ जोड़कर खड़े हो गये, किंतु सहसा न जाने उन्हें क्या हुआ कि वह जिस उद्देश्य के लिए यहां आये थे, उसे भूल गये और कातर स्वर में मां से प्रार्थना करने लगे। त्रिभुवनजननी! मुझे विवेक दो, ज्ञान दो, वैराग्य दो, भक्ति दो। मां! मुझ पर कृपा करो, जिससे मैं सर्वत्र और सर्वदा तुम्हारे ही दर्शन करता रहूं।

इसके बाद वह परमहंस के पास आये, तो उन्होंने पूछा 'कहो, क्या मांगा मां से?'' सहसा उनके विचारों को एक झटका लगा, वह क्या मांगने गये थे और क्या मांग बैठे। किंतु अब कुछ नहीं हो सकता। यह भी सत्य है कि यदि वह सांसारिक सुख मांग लेते, तो फिर विवेकानंद कैसे बनते। श्रीरामकृष्ण बोले,''जब तू मांग ही नहीं सका, तो इसका यही अर्थ है कि तेरे भाग्य में सांसारिक सुख है ही नहीं। फिर भी तुम्हारे परिवार को रूखा-सूखा अन्न और मोटा वस्त्र मिलता रहेगा।'' नरेन्द्र इसी से सन्तुष्ट हो गये, वस्तुतः इससे अधिक वह चाहते भी नहीं थे।

इसके कुछ हो दिन बाद उनके परिवार की आजीविका की समस्या हल हो गयी। कुछ ही दिनों में नरेन्द्र को एक अटार्नी के कार्यालय में काम मिल गया। इसके साथ ही वह पुस्तकों का अनुवाद भी करने लगे। इसके बाद उन्हें विद्यासागर स्कूल में शिक्षक की नौकरी मिल गयी। नरेन्द्र से इसे श्रीरामकृष्ण की कृपा समझा।

## संन्यास दीक्षा

श्रीरामकृष्ण परमहंस कोलकाता के समाज में एक सर्वाधिक श्रद्धास्पद व्यक्त्वि थे। नगर के अनेक स्त्री-पुरुष उन्हें ईश्वर का अवतार मानते थे। उन्हें भगवती महाकाली की सिद्धि प्राप्त थी। उनके वचन सुनने के लिए स्त्री-पुरुष और बच्चे भी लालायित रहते थे। उनका आश्रम दक्षिणेश्वर उनके अनुयायियों का तीर्थ बन गया था।

श्रीरामकृष्ण परमहंस वस्तुत: सिद्धों की उस श्रेणी में पहुंच गये थे, जिनके स्पर्शमात्र से ज्ञानचक्षु खुल जाते हैं। इसी की अल्प अनुभूति नरेन्द्रनाथ को भी हुई थी। वेदान्त दर्शन के अनुसार ब्रह्मज्ञान हो जाने पर भी शरीर रहने तक उनका धर्म रहता है तथा तब पूर्व जन्म के कर्मों का उपयोग भी करना पड़ता है। कदाचित् इसीलिए 1885 ई. के बीच में परमहंस को गले की बीमारी हो गयी। यह बीमारी बढ़ती जा रही थी। श्रीरामकृष्ण इसे प्रारब्ध का परिणाम समझते थे, किंतु उनके भक्तों को इससे भारी चिन्ता हुई। भक्त उन्हें उपचार हेतु कोलकाता ले आये। उनके लिए काशीपुर (उत्तरी कलकत्ता) में एक भवन किराये पर लिया गया। अनेक बालक किशोर, युवा, गृहस्थ उनकी सुश्रूषा में जुट गये। परमहंस की अस्वस्थता के विषय में सुनकर नरेन्द्रनाथ के अध्यापक की नौकरी छोड़ दी और काशीपुर आ गये।

जो किशोर और युवक परमहंस की सेवा में जुट गये थे, उनके अभिभावक चिन्तित हो उठे। उनमें से अनेक अपने बच्चों को लेने के लिए आने लगे, किंतु वे लोग वहां से जाना नहीं चाहते थे। उन सबने नरेन्द्र से कहा और नरेन्द्र ने सभी के अभिभावकों को निरुत्तर कर वहां से लौटा लिया। सभी लोग अनन्य भाव से परमहंस की सेवा कर रहे थे। चिकित्सकों का उपचार भी चल रहा था, किंतु इसका कोई परिणाम नहीं निकला। उनका रोग भयंकर होता जा रहा था। उनके शिष्यों की चिन्ता बढ़ गयी। कुछ लोग चर्चा करने लगे कि परमहंस का ब्रह्मलीन होने का समय निकट आ गया है।

यद्यपि नरेन्द्र गुरु की सेवा करने के लिए नौकरी भी छोड़ आये थे, तथापि यह देखकर सभी को आश्चर्य होता था कि वह नरेन्द्र से किसी प्रकार की सेवा नहीं कराते थे। नरेन्द्र केवल वहां की व्यवस्था का कार्य ही देखते थे।

काशीपुर के जिस भवन में श्रीरामकृष्ण ठहरे हुए थे, वह एक उद्यान में स्थित था। उनके भक्त यहां दर्शन, इतिहास, धर्मशास्त्र, अध्यात्म आदि विषयों पर चर्चा करते रहते थे। धीरे-धीरे इस उद्यान ने एक मठ का रूप ले लिया। नरेन्द्र इन दिनों गुरु के सान्निध्य में रहकर अपने भावी जीवन की आधारशिला रख रहे थे। वह अनन्य आत्मविश्वास के साथ संन्यासी जीवन के नियमों का कठोरता से पालन करने लगे। यदा-कदा परमहंस की आज्ञा लेकर वह रात्रि में दक्षिणेश्वर चले जाते और वहां ध्यान का अभ्यास करते। उनके इस अभ्यास से परमहंस पुलकित हो उठते। एक दिन वह नरेन्द्र से बोले, ''देख साधना के परिणामस्वरूप मुझे आठों सिद्धियां प्राप्त हुई थीं। मैंने उनका कभी उपयोग नहीं किया। तू इन्हें ले ले। तेरे बहुत काम आएंगी।

''महाराज! क्या इनसे ईश्वर प्राप्ति में सहायता मिलेगी?'' नरेन्द्र ने प्रश्न किया।

''नहीं, ऐसा तो नहीं होगा रे, किन्तु इनसे सभी लौकिक इच्छाएं अवश्य पूर्ण होंगी।'' परमहंस ने कहा।

''महाराज! यदि ऐसा है, तो मुझे इनकी कोई आवश्यकता नहीं हैं।'' नरेन्द्र ने तत्क्षण उत्तर दिया।

यह भी हो सकता है कि श्रीरामकृष्ण परमहंस ने नरेन्द्र की परीक्षा लेने के लिए ऐसा कहा हो। यदि उन्होंने ऐसा भी किया तो नरेन्द्र इस कसौटी पर भी खरे उतरे। इन दिनों वह अहर्निश ईश्वर के चिन्तन में ही लगे रहते थे। अब केवल ईश साक्षात्कार ही उनके जीवन का एकमात्र लक्ष्य हो गया था। यहां आये सभी युवक संन्यास लेने का प्रण कर चुके थे। परमहंस भी अपने इन युवा शिष्यों को संन्यास की दीक्षा देने का निर्णय ले चुके थे। नरेन्द्र अपने समवयस्कों के अगुआ थे। एक दिन शुभ-मुहूर्त में परमहंस ने अपने सभी शिष्यों को संन्यास की दीक्षा दी।

काषाय वस्त्र धारण कर सभी युवक संन्यासी हो गये। इस पर गुरु महाराज श्री रामकृष्ण परमहंस ने उनसे पूछा, ''क्या तुम लोग अभिमान को त्यागकर भिक्षा की झोली कन्धे पर लटकाकर राजमार्गों पर भिक्षा मांग सकोगे?'' इतना सुनते ही शिष्य भिक्षा के लिए निकल पड़े। उन्होंने भिक्षा

प्राप्त की और उसे पकाकर परमहंस के सामने रख दिया। उन सभी ने उसे प्रसाद के रूप में ग्रहण किया। इसके पश्चात् यह मधूकरी (भिक्षा) ही उनके उदरपूर्ति का साधन बन गयी।

## बुद्ध गया यात्रा

संन्यास ग्रहण करने के बाद नरेन्द्र ने प्राचीन काल के संन्यासियों के जीवनचरित और शिक्षाओं का अनुशीलन आरम्भ किया। वह प्रातः इसी विषय पर उपदेश भी देते थे। उन्हें ध्यान का अच्छा अभ्यास हो गया था। वह किसी भी अभीष्ट विषय पर चित्त को एकाग्र कर सकते थे। वह भगवान गौतम बुद्ध के त्याग, साधना, दया आदि से अत्यधिक प्रभावित थे। बुद्ध पर प्रवचन करते समय उनकी आंखों से अश्रुधारा बह निकलती थी। अतः अपने दो अन्य युवा संन्यासियों के साथ वह बुद्ध गया जाने के लिए तत्पर हो गये। इस विषय में उन्होंने अन्य किसी को नहीं बताया था एक रात्रि वह स्वामी शिवानन्द तथा स्वामी अभेदानंद के साथ बुद्ध गया को चल पड़े। अप्रैल 1886 में गंगा नदी पार कर तीनों संन्यासी रेल से बुद्ध गया के लिए चल पड़े।

इधर नरेन्द्रनाथ तथा दो अन्य संन्यासियों को न देखकर उनके गुरु भाई बड़े चिन्तित हुए। उन्होंने सभी सम्भावित स्थानों पर उनकी खोज की जब वे कहीं नहीं मिले तो इस विषय में परमहंस को बताया गया। वह बोले, "चिन्ता न करो। वह लौट आएगा। वह इस स्थान को नहीं छोड़ सकता।"

फल्गु नदी में स्नान करने के बाद नरेन्द्र ने आठ मील दूर बुद्ध गया की पैदल यात्रा की और भगवान बुद्ध के मन्दिर के दर्शन किये। इसी स्थान पर बोधि वृक्ष के नीचे भगवान बुद्ध को ज्ञान प्राप्त हुआ था। नरेन्द्र उसी बोधि वृक्ष के नीचे ध्यानमग्न हो गया। उनका शरीर निःस्पन्न हो गया था। उनकी यह अवस्था देखकर अनिष्ट की आशंका से अन्य दो संन्यासी भयभीत हो उठे। इस पर कुछ देर के लिए उन्होंने आंखें खोलीं और फिर ध्यान की अवस्था में स्थित हो गये। इसी अवस्था में वह तीन दिन तक रहे।

## शक्ति प्राप्ति

इसके पश्चात् वह काशीपुर के मठ में लौट आये, देख अन्य संन्यासियों को अपार प्रसन्नता हुई। नरेन्द्र समझ गये थे कि उनकी ज्ञान प्राप्ति की इच्छा

परमहंस के सान्निध्य में ही पूर्ण हो सकती है, अत: वह पूर्ण मनोयोग से संन्यास की साधना करने लगे। इसमें श्रीरामकृष्ण उनका दिशा निर्देश करते थे। एक दिन नरेन्द्र अग्निकुण्ड के समक्ष ध्यानावस्थित होकर बैठे हुए थे। उन्होंने अनुभव किया कि उन्हें योगियों की वह शक्ति प्राप्त हो गयी है, जिसे प्राप्त करने के बाद योगी अपने स्पर्शमात्र से ही किसी के जीवन की दशा बदल सकता है। वह स्वयं श्रीरामकृष्ण के स्पर्श से इस शक्ति का अनुभव कर चुके थे। यह वही शक्ति है या नहीं, यह विचार कर वह इसकी परीक्षा करने की उद्यत हो उठे। उन्होंने अपने एक गुरु भाई का स्पर्श किया, तो उसके जीवन की गति ही बदल गयी। उसे समस्त ज्ञान प्राप्त हो गया।

नरेन्द्र को शक्ति का यह दुरुपयोग करते देख गुरुदेव परमहंस ने अप्रसन्नता व्यक्त की। वह उन्हें डांटते हुए बोले, ''संचित करने से पहले ही व्यय! बोल आज तूने उसका कैसा अनिष्ट कर दिया।'' इसके बाद परमहंस ने स्नेहपूर्वक समझाया कि इस शक्ति का उपयोग कब और कहां करना चाहिए।

संन्यासी नरेन्द्र अब पाश्चात्य दर्शन से प्रभावित बात-बात पर तर्क करने वाले चंचल नरेन्द्र नहीं रह गये थे। अब वह धीर गम्भीर मननशील नरेन्द्र हो गये थे। पाश्चात्य दर्शन से उनका कोई सम्बन्ध नहीं रह गया था। वेदान्त और योग की पुस्तकें ही उनके अध्ययन का विषय थीं और संन्यासी जीवन के नियमों का पालन करना ही उनकी प्रगति देख श्रीरामकृष्ण परमहंस आनन्दातिरेक से विह्वल हो जाते थे। वह कहते थे- ''नरेन्द्र साक्षात् नारायण है। उसने जीव के उद्धार हेतु शरीर धारण किया है।''

## निर्विकल्प समाधि

वह सतत साधनारत रहते हुए भी इससे सन्तुष्ट न थे। संन्यास की चरमसीमा को प्राप्त करना ही उनका लक्ष्य था। निर्विकल्प समाधि की अवस्था में पहुंचना ही योग का चरम लक्ष्य है। उसे प्राप्त करने में नरेन्द्र स्वयं को असमर्थ अनुभव कर रहे थे। एक दिन वह अपनी इस समस्या को लेकर गुरुदेव के पास गये, जो रोग शैया पर लेटे हुए थे। शैया के पास जाने पर बिना कुछ कहे वह खड़े हो गये। उस समय कमरे में गुरुदेव के अतिरिक्त कोई नहीं था। आज वह गुरुदेव से निर्विकल्प समाधि का वरदान मांगने आये थे, किन्तु वाणी उनका साथ नहीं दे रही थी। ऐसा हो भी क्यों

नहीं; कभी किसी से कुछ मांगना पुरुषार्थ के विरुद्ध समझने वाला नरेन्द्र आज मांगने के लिए जो खड़ा था। जिस नरेन्द्र ने कभी परमहंस के सामने वेदान्त के महावाक्य 'मैं ही ब्रह्म हूं' की खिल्ली उड़ायी थी और इसे महान पाप कहा था, आज वह इसी महावाक्य को अपने जीवन में चरितार्थ करना चाहते थे। उन्हें मौन खड़ा देख गुरुदेव सब कुछ समझ गये और अत्यन्त स्नेहसिक्त स्वर में बोले, "नरेन्द्र! तू क्या चाहता है?"

"मैं शुकदेव की तरह निर्विकल्प समाधि द्वारा सच्चिदानन्द सागर में डूब जाना चाहता हूं।" नरेन्द्र ने उत्तर दिया।

"बार-बार यही कहते तुझे लज्जा नहीं आती? समय आने दे। तू वटवृक्ष के समान विश्व को शान्ति की छाया देगा, फिर आज अपनी ही मुक्ति के लिए अधीर हो उठा है। तेरा आदर्श इतना क्षुद्र हो गया?"

"निर्विकल्प समाधि न होने तक मेरे मन को शान्ति नहीं मिलेगी। यदि ऐसा नहीं हुआ तो मैं कुछ नहीं कर पाऊंगा। डबडबायी आंखों से नरेन्द्र ने कहा।

"तू अपनी इच्छा से करने वाला कौन होता है रे? मां तेरी गर्दन पकड़कर करा लेंगी। तू नहीं भी करेगा, तो तेरी हड्डियां करेंगी।" गुरुदेव के इन शब्दों का नरेन्द्र के पास कोई उत्तर नहीं था। वह कातर दृष्टि से गुरुदेव की ओर देखने लगे। शिष्य वत्सल गुरु से नहीं रहा गया और बोल उठे, "अच्छा जा, चिन्ता न कर निर्विकल्प समाधि हो जाएगी।"

एक दिन सन्ध्या के समय वह ध्यानमग्न थे कि उनकी निर्विकल्प समाधि लग गयी। उन्हें परम सत्य की अनुभूति हो गयी। 'मैं' 'मेरा', संसार आदि भाव विलीन हो गये। कुछ घण्टों तक वह इसी अवस्था में रहे। समाधि टूटते समय उन्हें अनुभव हुआ कि उनकी इच्छाओं का अन्त हो गया था और कोई अलौकिक शक्ति उन्हें बलपूर्वक इस संसार में ला रही थी। इसके बाद उन्हें अनुभूति हुई कि वह-"बहुजन सुखाय, बहुजन हिताय" इस उपलब्ध सत्य का प्रचार-प्रसार करेंगे।

अब उनकी समस्त इच्छाओं, आकांक्षाओं का अन्त हो गया, अशान्ति, उद्विग्नता निःशेष हो गयी थी और उनके मुखमण्डल पर ब्रह्मज्ञानियों का अलौकिक तेज चमक रहा था। ब्रह्मज्ञान की अनुभूति से वह सुख-दुःख की भावना से ऊपर उठ गये थे। वह गुरुदेव के चरणों पर गिर पड़े। गुरुदेव बोले-"अच्छा तो अभी ताला बन्द रहा, चाबी मेरे हाथ में रहेगी। काम समाप्त होने पर खोल दिया जाएगा।"

दिव्यचक्षु श्रीरामकृष्ण परमहंस पहले ही नरेन्द्रनाथ में छिपे विवेकानंद को देख चुके थे। वह नरेन्द्र के विषय में अनेक भविष्यवाणियां करते रहते थे। बहुत पहले ही उन्होंने कहा था, 'यह लड़का जन्मजात ब्रह्मज्ञानी है। इस जैसे लड़के सिद्धों की श्रेणी के होते हैं। ये कभी कंचन-कामिनी के बन्धन में नहीं बंधते।'' कभी वह नरेन्द्र को साक्षात् नारायण कहते, कभी शिव तो कभी शुकदेव। उस समय कई लोग शंका कर सकते थे कि ये शब्द परमहंस की नरेन्द्र के प्रति स्नेहभावना के सूचक हो सकते हैं, किन्तु महापुरुषों के स्नेह का पात्र भी कोई महान आत्मा ही बन सकता है, जनसामान्य यह नहीं जानता। साथ ही यह भी सत्य है कि श्रीरामकृष्ण कभी हास-परिहास में भी असत्य नहीं बोलते थे।

## श्रीरामकृष्ण परमहंस का तिरोभाव

चिकित्सकों का उपचार परमहंस के गले का रोग ठीक नहीं कर सका। जुलाई 1886 के अन्त तक रोग ने उग्र रूप धारण कर लिया। वह बोलने में अशक्त हो गये थे। किसी प्रकार धीरे-धीरे दो-चार शब्द बोल लेते थे। इन दिनों वह कोई ठोस आहार भी नहीं पाते थे। उन्हें पानी में उबली हुई बारली दी जाती थी। उसे भी वह बड़ी कठिनाई से निगल पाते थे। अपनी इस अवस्था में भी वह शिष्यों को कर्त्तव्यबोध कराते रहते।

श्रीरामकृष्ण समझ गये थे कि उनका अन्तिम समय सन्निकट है। वह नरेन्द्र को अपने पास बुलाते और कहते- ''नरेन्द्र! तू सबसे बुद्धिमान है, मेरे इन बच्चों की रक्षा करना और इन्हें सच्चे मार्ग पर चलाना। अब मैं शीघ्र ही शरीर त्याग दूंगा।''

रोग उग्र से उग्रतर होता जा रहा था। सभी विवश थे। कोई नहीं समझ पा रहा था कि ऐसी स्थिति में क्या करना चाहिए। एक दिन परमहंस ने नरेन्द्रनाथ को अपने पास बुलाया। उनकी आंखों में आंसू थे। वह नरेन्द्र से बोले, ''आज तुझे अपना सब कुछ देकर मैं फकीर बन गया।''

उनके ये शब्द सुनकर नरेन्द्र समझ गये कि परमहंस का अन्तिम समय आ गया है। शिष्य रोने लगे। वे गुरु से वियोग की कल्पना भी नहीं कर सकते थे।

13 अगस्त 1886 का नरेन्द्र इसी चिन्तन में डूबे थे कि क्या वास्तव में श्रीरामकृष्ण ईश्वर के ही अवतार हैं। उनके मन में पहले भी कई बार

इस विषय मैं संशय हुआ था। वह समझ नहीं पा रहे थे कि इस शंका का समाधान कैसे हो। वह मन ही मन विचार करने लगे कि हो सकता लोग भावुकता में ऐसा मान बैठे हों, लोगों का क्या, जिसे चाहें अवतार मान लें। नरेन्द्र को किसी अन्य के शब्दों पर विश्वास नहीं था, किंतु हां, यदि स्वयं श्रीरामकृष्ण कह देते कि वह अवतार हैं, तो वह विश्वास कर लेते।

नरेन्द्र के मन में यही द्वन्द्व चल रहा था। वह गुरु महाराज की शैया के समीप ही बैठे थे। कदाचित् श्रीरामकृष्ण उनका मनोगत समझ गये। उन्होंने आंखें खोल दीं और बोले, ''नरेन्द्र! क्या तुझे अभी तक विश्वास नहीं हुआ? अरे! सुन, जो राम है वही कृष्ण है, इस बार वही एक आधार में रामकृष्ण, किंतु तेरे वेदान्त की दृष्टि में ही नहीं अपितु साक्षात्।''

नरेन्द्र स्तम्भित रह गये। इतने वर्षों तक उनके सम्पर्क में रहने पर भी वह उन्हें नहीं पहचान पाये थे और अब उनका अन्तिम समय आ गया था। रविवार 15 अगस्त 1886 को श्रीरामकृष्ण की देखकर प्रतीत होने लगा कि अब वह महाप्रस्थान करने वाले हैं। सभी शिष्य उनकी शैय्या को घेर कर खड़े हो गये। सभी अनिष्ट की आशंका से भयभीत थे। धीरे-धीरे दिन बीत गया। रात्रि हुई। परमहंस तकिये पर सिर रखे सोये हुए थे। उनका कंकाल मात्र रह गया शरीर कांप रहा था। उनकी दृष्टि नाक के अग्र भाग पर स्थित थी। वह महाप्रयाण की तैयारी कर रहे थे, किंतु मुखमण्डल पर वही देदीप्यमान तेज था। भय, विवाद या क्लान्ति का चिह्न मात्र भी न था। ठीक मध्यरात्रि में मां महाकाली का नाम लेते हुए उन्होंने इस पंच भौतिक देह को त्याग दिया।

श्रीरामकृष्ण अपने तिरोभाव से पूर्व नरेन्द्र को एक बहुत बड़ा उत्तरदायित्व सौंप गये थे। अब वही अपने गुरु भाइयों के मार्गदर्शक और श्रीरामकृष्ण परमहंस के उत्तराधिकारी थे। परमहंस के ब्रह्मलीन होने के साथ परमहंस के उत्तराधिकारी थे। परमहंस के ब्रह्मलीन होने के साथ ही नरेन्द्रनाथ के जीवन का एक अध्याय समाप्त हो गया। अब उन्हें विश्वगुरु विवेकानंद बनना था।

# भारत भ्रमण

श्रीरामकृष्ण परमहंस के अवसान के बाद नरेन्द्रनाथ आदि को काशीपुर का उद्यान छोड़ना पड़ा। नरेन्द्र के मन में विचार आया कि उन सबके लिए किसी केन्द्र की स्थापना होनी चाहिए, अन्यथा सभी संन्यासी इधर-उधर हो जाएंगे और परमहंस का उद्देश्य अधूरा रह जाएगा। उनके मत से सभी संन्यासी सहमत थे। इसके साथ ही कुछ विद्यार्थी संन्यासी परीक्षा देने के लिए अपने घर चले गये।

दत्त परिवार के पैतृक गृह का मुकदमा नरेन्द्र प्रारम्भिक न्यायालय में जीत गये थे, किंतु पराजित पक्ष ने उसकी पुनः अपील कर दी थी; जिसका मुकदमा अभी तक चल रहा था। इसके लिए नरेन्द्र को घर में रहना पड़ा। यह देख अनेक व्यक्ति अपने परिवार के संन्यासी बने लोगों को घर चलने के लिए कहने लगे, किंतु वे इसके लिए सहमत न हुए।

## अस्थिकलश विवाद

युवा संन्यासियों का कोई निश्चित ठौर-ठिकाना नहीं था, फिर भी उन्होंने परमहंस की अस्थियां संभाल कर रखी थीं। इसी समय महात्मा रामचन्द्र दत्त ने संन्यासियों से अस्थियों की मांग की। वह अस्थियों को काकुड़गाछी के अपने उद्यान में रखकर मन्दिर बनाना चाहते थे। वह गृहस्थ थे, इसलिए संन्यासी उन्हें अस्थियां नहीं देना चाहते थे। इससे दोनों पक्षों में विवाद होने लगा। नरेन्द्रनाथ नहीं चाहते थे कि परमहंस के शिष्य आपस में लड़ें, अतः उन्होंने अपने युवा संन्यासी साथियों को मनाया और अस्थियों का कुछ भाग अपने पास रखकर शेष भाग परमहंस के गृहस्थ शिष्यों को दे दिया।

काशीपुर वाले निवास स्थान को छोड़ने के बाद परमहंस के एक गृहस्थ शिष्य सुरेन्द्रनाथ मित्र ने संन्यासियों के लिए वराहनगर में एक मकान किराये पर ले दिया था। इधर कुछ दिनों के लिए जो विद्यार्थी संन्यासी अपने घरों

में रह थे, नरेन्द्र उनसे मिलते रहते थे। नरेन्द्र उन्हें संसार से सम्बन्ध तोड़ने का परामर्श देते रहते थे। इससे संन्यासियों के अभिभावक क्षुब्ध हो उठे। उन्होंने नरेन्द्र को धमकियां देना आरम्भ कर दिया, किंतु वह बिलकुल भी विचलित नहीं हुए। यद्यपि नरेन्द्र का विवशता में घर से सम्पर्क बना हुआ था। फिर भी अधिकतर वह वराहनगर में ही रहते थे।

## वराहनगर मठ में

कुछ दिन बाद नरेन्द्रनाथ मकान का मुकदमा पुनः जीत गये। इसके बाद वह स्थायी रूप से वराहनगर के मठ में ही आ गये। सुरेन्द्रनाथ मित्र, गिरीशचन्द्र घोष, बलराम वसु और महेन्द्रनाथ गुप्त इन संन्यासियों की हर प्रकार की सहायता करते थे। सभी युवा संन्यासी योग, वेद, दर्शन आदि के साथ ही परमहंस के उपदेशों की चर्चा करते रहते थे।

अब इन युवा संन्यासियों के मार्गदर्शक नरेन्द्रनाथ थे। वह ब्रह्ममुहूर्त में उठ जाते और सभी संन्यासियों को जगाते। फिर सभी जप, ध्यान आदि करते। इसके बाद नरेन्द्रनाथ कभी गीता का और कभी 'इमिटेशन ऑफ क्राइस्ट' का पाठ करते।

वराहनगर के मठ में संन्यासियों को अनेक अभावों का सामना करना पड़ता था। भोजन भी दिन में एक ही बार मिल पाता था और कभी वह भी नहीं । भोजन करने के लिए बर्तन भी नहीं थे। समीपवर्ती उद्यान से केले आदि के पत्तों से बर्तनों का काम लिया जाता था। एक बार के भोजन में भी केवल भात और कुंदरू के उबले हुए पत्ते मिल पाते थे। श्रीरामकृष्ण को भोग लगाने के लिए चीनी के दो रवों से काम चला लिया जाता। फिर भी संन्यासी भजन-कीर्तन में मग्न रहते।

सुरेन्द्रनाथ मित्र ने मठ के संन्यासियों की सभी प्रकार से सेवा का भार अपने ऊपर लिया था। कार्य में व्यस्तता के कारण वह नित्यमठ में नहीं जा पाते थे। युवा संन्यासी भूखे भले ही रह जाते थे, फिर भी अपने अभावों के विषय में उनके पास सूचना नहीं भेजते थे। इस विषय में ज्ञात होने पर वह (मित्र) बड़े दुःखी हुए। अतः उन्होंने परमहंस के एक अन्य शिष्य गोपाल को मठ में भोजन आदि की व्यवस्था करने के लिए भेज दिया और उसकी मां तथा भाइयों के पालन-पोषण का उत्तरदायित्व अपने ऊपर ले लिया। मठ में जिस चीज की आवश्यकता होती, गोपाल सुरेन्द्रनाथ मित्र को बता देते

और उसकी व्यवस्था हो जाती। श्री मित्र कहते थे- "इन संन्यासियों की सहायता करना मेरा परम कर्त्तव्य है। ये लोग श्रीरामकृष्ण के बच्चे हैं, अत: मेरे भाई हैं।''

संन्यासियों को घर लौटा ले जाने के उद्देश्य से उनके माता-पिता आदि मठ में आते रहते थे। वे लोग संन्यास से गृहस्थ धर्म की श्रेष्ठता का प्रतिपादन करते। इस पर उन्हें नरेन्द्रनाथ के प्रबल तर्कों के आगे पराजय स्वीकार करनी पड़ती।

## तीर्थयात्रा पर विवेकानंद

संन्यासियों को वराहनगर के मठ में आये हुए प्राय: दो वर्ष का समय हो गया था। कुछ युवा संन्यासी तीर्थयात्रा पर जाना चाहते थे, किंतु उन्हें सन्देह था कि कहीं नरेन्द्र इसके लिए सहमति न दें। एक दिन नरेन्द्रनाथ किसी कार्य से कोलकाता गये हुए थे। वहां से लौटे तो ज्ञात हुआ कि स्वामी त्रिगुणातीत (शारदा प्रसन्न) नामक संन्यासी आश्रम छोड़ कर जा चुके थे। इससे नरेन्द्र की बड़ी चिन्ता हुई। तभी उन्हें किसी ने उक्त संन्यासी के हाथ का लिखा एक पर्चा थमाया। उसमें लिखा था-

''मैं पैदल वृन्दावन जा रहा हूं। यहां रहना असम्भव हो गया है। क्या पता कब मन बदल जाए। बीच में परिवार वालों के स्वप्न देखता हूं। काफी सह लिया है। यहां तक कि प्रबल आकर्षण से दो बार घर वालों से मिलना पड़ा। अब यहां रहना उचित नहीं है। माया के चंगुल से छुटकारा पाने के लिए अन्यत्र चले जाना ही उचित है।''

वस्तुत: नरेन्द्र को भी घर आकृष्ट करता था। अन्य संन्यासियों की भी यही दशा थी। एक-दो संन्यासी पहले भी बिना बताये तीर्थों पर चले गये थे। अनेक जाना चाहते थे। एक बार विचार आया कि इस प्रकार सभी के चले जाने पर मठ नष्ट हो जाएगा। फिर नरेन्द्र ने निश्चय कर लिया कि वह भी तीर्थयात्रा पर जाएंगे।

सन् 1888 के मध्य नरेन्द्र तीर्थयात्रा पर निकल पड़े। यद्यपि संन्यास की दीक्षा लेते समय संन्यासी का नाम बदल दिया जाता है। संन्यास लेते समय ही वह विवेकानंद बन गये होंगे, किंतु अभी तक वह नरेन्द्र ही कहे जाते थे। इस तीर्थयात्रा के समय से ही स्वामी विवेकानंद नाम का उल्लेख मिलता है।

तीर्थयात्रा में अनेक स्थानों पर होते हुए स्वामी विवेकानंद वाराणसी पहुंचे। यहां वह अनेक साधु-महात्माओं से मिले, जिनमें तैलंग स्वामी, स्वामी भास्करानंद आदि के नाम विशेष उल्लेखनीय हैं।

इस यात्रा में वह अन्य किस-किस तीर्थ में गये, इसका उल्लेख नहीं मिलता। हां, वह वाराणसी अवश्य गये थे। वाराणसी हिन्दू धर्म और संस्कृति का केन्द्र माना जाता है। वहां उन्होंने अनेक सभाओं में प्रवचन दिये, ऐसा उल्लेख भी मिलता है। कुछ दिन वाराणसी में रहने के बाद वह वराहनगर लौट आये। वहां अपने गुरु भाइयों को भी तीर्थयात्रा के लिए प्रोत्साहित करने लगे। वाराणसी उनके हृदय में बस चुकी थी, अतः कुछ दिन वराहनगर के मठ में रहने के बाद वह पुनः वाराणसी आ गये।

काशी (वाराणसी) की इस द्वितीय यात्रा में वेदान्त के प्रकाण्ड विद्वान प्रमदादास मित्र से मिले, जिनसे वह अत्यधिक प्रभावित हुए। स्वामी विवेकानंद कालान्तर में भी वेदांत के किसी विषय में सन्देह होने पर उन्हीं से परामर्श लेते थे।

अगस्त 1888 में स्वामी विवेकानंद काशी से अयोध्या पहुंचे। वहां उन्होंने भगवान राम एवं हनुमान के मन्दिरों के दर्शन किये। हनुमान के प्रति उनके मन में अपार श्रद्धा थी, क्योंकि हनुमान ब्रह्मचर्य और भक्ति के प्रतीक माने जाते हैं। कुछ दिन अयोध्या के साधु-सन्तों के साथ रहकर वह आगरा पहुंचे, जहां उन्होंने प्रसिद्ध ऐतिहासिक भवनों को देखा। यहां से वह वृन्दावन की ओर चल पड़े।

जब स्वामी जी आगरा से मथुरा वृन्दावन की ओर जा रहे थे, तो मार्ग में एक स्थान पर उन्होंने एक वृद्ध को हुक्का पीते हुए देखा। स्वामी जी थके हुए थे। उनका मन भी तम्बाकू पीने को हुआ, तो उन्होंने उस वृद्ध से हुक्का देने के लिए कहा, किंतु वृद्ध बोला, ''महाराज! मैं भंगी हूं। सहसा स्वामी जी का आगे बढ़ा हाथ पीछे हट गया और वह आगे बढ़ चले किंतु कुछ ही कदम आगे बढ़ने पर उनके विचारों को झटका लगा। सम्भवतः उन्हें स्मरण हो आया- ''शुनि चैव श्वपाके च पण्डिताः समदर्शिनः सच्चे ज्ञानी कुत्ते और चाण्डाल में भी ब्रह्म का ही दर्शन करते हैं। वह मन ही मन विचार करने लगे- ''यदि संन्यासी होकर भी मैं जातिभेद से मुक्त न हो पाया, तो मेरे संन्यास लेने ये क्या लाभ।'' वह फिर पीछे लौट पड़े। उन्होंने उस व्यक्ति के हुक्के से तम्बाकू पिया और फिर यात्रा आरम्भ की।

वृन्दावन में विवेकानंद कालाबाबू के अतिथि बने। यहां एक दिन उन्हें एक उल्लेखनीय अनुभव हुआ। वह रानाकुण्ड पर स्नान के लिए गये। शरीर का एकमात्र कोपीन धोने के बाद उन्होंने सुखाने के लिए डाल दिया और कुण्ड में नहाने लगे। नहाने के बाद कुण्ड से बाहर आये तो देखा कोपीन को एक बन्दर पेड़ पर ले गया था। स्वामी जी ने बन्दर को मनाने का प्रयत्न किया, किंतु बन्दर मुंह चिढ़ाने लगा। स्वामी जी को कुछ समझ में न आया। मन ही मन निश्चय कर लिया कि जब तक वस्त्र न मिले किसी वन में ही रहूंगा। नग्न शरीर स्वामी जी वन की ओर चल पड़े। वह कुछ ही दूर गये थे कि कोई व्यक्ति उन्हें पुकारने लगा, किंतु स्वामीजी नहीं रुके।

वह व्यक्ति तेजी से दौड़ता हुआ उनके आगे आकर खड़ा हो गया। वह एक काषाय वस्त्र और कुछ खाने की चीजें उन्हें देकर कुछ ही देर में अदृश्य हो गया। वहां से स्वामी जी राधाकुण्ड लौटे तो देखा उनका कोपीन उसी स्थान पर ठीक-ठाक पड़ा था, जहां उसे सुखाने के लिए डाला था। उस रात्रि वह वहीं पर कृष्ण की स्तुति करते रहे। इसके बाद स्वामी जी हाथरस चले गये। एक रात्रि वह एक वृक्ष के नीचे बैठे रहे। प्रातः हाथरस रेलवे स्टेशन मास्टर शरच्चन्द्र गुप्त अपने घर आ रहे थे। उन्होंने अलौकिक तेजस्वी स्वामी जी को वृक्ष के नीचे बैठे देखा, तो वह उनसे प्रभावित हुए बिना न रह सके। वह स्वामी जी को अपने घर ले गये। इसके बाद शरच्चन्द्र उनके भक्त बन गये। एक दिन उन्होंने स्वामी जी को किसी गम्भीर चिन्ता में डूबे देखा। इसका कारण पूछने पर स्वामी जी ने बताया कि वह श्रीरामकृष्ण के कार्य को आगे बढ़ाना चाहते थे, किंतु इसके लिए उनके पास साधनों का अभाव था। उनकी बात सुनकर श्रीगुप्त ने कहा, "महाराज! क्या मैं आपकी कोई सेवा कर सकता हूं।"

"क्या इस कार्य के लिए तुम दण्ड-कमण्डलु लेकर मार्ग में खड़े होने के लिए तत्पर हो? क्या तुम संन्यास धर्म की कठोरता सहन कर सकोगे?" स्वामी जी ने पूछा।

"अवश्य, आपकी कृपा होगी, तो मैं सब कुछ सह लूंगा" शरच्चन्द्र गुप्त बोले।

उस दिन बात यहीं समाप्त हो गयी। स्वामी जी कुछ दिन गुप्त परिवार के अतिथि रहे। एक दिन उन्होंने श्रीगुप्त से कहा, बेटे! संन्यासी को एक

स्थान पर अधिक दिन नहीं रुकना चाहिए। यों भी एक आकर्षण का अनुभव कर रहा हूं अतः अब मेरा चल पड़ना ही श्रेयस्कर रहेगा।''

''महाराज! आप मुझे अपना शिष्य बनाकर ले चलिए।'' गृहस्वामी ने कहा।

स्वामी जी ने उन्हें रोकने का प्रयत्न किया, लेकिन वह नहीं माने और साथ चलने का हठ करने लगे। उनके वैराग्य की परीक्षा लेने के लिए स्वामी जी ने कहा, ''यदि ऐसा है तो मेरी भिक्षा की झोली लो और अपने ही स्टेशन पर जाकर कुलियों से भीख मांग लाओ।''

एक पल भी संकोच किये बिना शरच्चन्द्र गुप्त उनकी झोली लेकर कुलियों से भिक्षा ले आये। उनका प्रबल वैराग्य देखकर स्वामी जी ने उन्हें शिष्य बना लिया और उनका नया स्वामी सदानंद रखा गया।

हाथरस से नये शिष्य सदानन्द को साथ लेकर स्वामी विवेकानंद ऋषीकेश पहुंचे। वहां जाने के कुछ दिन बाद सदानंद बीमार पड़ गये। अतः गुरु-शिष्य पुनः हाथरस लौट आये। यहां आने पर स्वामी जी भी अस्वस्थ हो गये। कुछ दिन बाद वह स्वस्थ हो गये और वराहनगर लौट आये। बाद में स्वस्थ होने पर सदानन्द भी उनके पास आ गये।

उत्तरी भारत के कई स्थानों की यात्रा करने के बाद स्वामी जी को भारत की आत्मा से परिचित होने का अवसर प्राप्त हुआ था। इसके बाद प्रायः एक वर्ष तक वह वराहनगर और बलराम वसु के घर बागबाजार कोलकाता में रहे। उनका यह समय विभिन्न शास्त्रों तथा पाणिनी व्याकरण के अध्ययन में व्यतीत हुआ। इस अवधि में वह ब्रह्मलीन परमहंस की जन्म-स्थली कामारपुकुर तथा मां शारदा (परमहंस की पत्नी) का जन्मस्थान जयरामबाटी के दर्शनों के लिए भी गये।

## यायावरीय जीवन

नरेन्द्र की अनुपस्थिति में खानदान के लोगों ने उनकी मां तथा दोनों छोटे भाइयों को घर से निकाल दिया था। इस समय दो छोटे भाइयों में बड़ा कॉलेज के प्रथम वर्ष में था, दूसरा अभी छोटा ही था। घर का मुकदमा उच्च न्यायालय में चला। उसके आदेश से मकान का कुछ भाग मां को मिल गया। घर की दशा सर्वथा दयनीय हो गयी थी। विवेकानंद ने इन परिस्थितियों में कोलकाता से दूर रहना ही उचित समझा अतः वह पुनः भ्रमण पर निकल गये।

दिसम्बर 1889 विवेकानंद कोलकाता से वैद्यनाथधाम पहुंचे। कुछ दिन वहां रहने पर काशी जाने को मन हुआ, तो वहां के लिए चल पड़े। मार्ग में पता चला कि उनके एक गुरु भाई को चित्रकूट में चेचक हो गयी थी। अत: प्रयाग होते हुए उनकी सेवा करने के लिए पहुंच गये। यहां से काशी और फिर 22 जनवरी 1890 को गाजीपुर पहुंचे। वहां वह अपने बाल्यकाल के मित्र सतीशचन्द्र मुखोपाध्याय के यहां रहे।

गाजीपुर में उन्होंने प्रसिद्ध सन्त पवहारी बाबा के दर्शन किये। वहां हर रविवार को रायबहादुर गगनचन्द्र राय के घर पर एक धार्मिक सभा होती थी। इस प्रयास में स्वामी जी सभा में श्रीराधाकृष्ण के लीला सम्बन्धी भजन गाते थे। पवहारी बाबा परम योगी थे। वह स्वामी जी पर विशेष स्नेह रखते थे। स्वामी जी भी उनसे इतने प्रभावित हुए कि एक बार उन्होंने उनका शिष्य बनने का विचार किया था, किंतु फिर उन्हें स्वत: अनुभूति हुई कि वह श्रीरामकृष्ण से दीक्षा ले चुके हैं, अत: उनका ऐसा करना अनुचित होगा।

इसी समय उन्हें सूचना मिली कि उनके गुरु भाई स्वामी अभेदानन्द काशी में अस्वस्थ थे। अत: विवेकानंद उनके पास गए। उनके कुछ स्वस्थ होने पर उनकी सेवा के लिए स्वामी प्रेमानंद को नियुक्त कर विवेकानंद प्रभदादास मित्र के उद्यान में रहने लगे। एक दिन उन्हें श्रीरामकृष्ण के एक भक्त बलराम वसु की मृत्यु का समाचार मिला, तो वह विलाप करने लगे। यह देख प्रभदादास बोले, "स्वामी जी! आप संन्यासी हैं। इस प्रकार दु:खी होना आपको शोभा नहीं देता ।" इस स्वामी जी का कहना था, "क्या आप समझते हैं कि संन्यासी का हृदय नहीं होता?... पत्थर की तरह अनुभूति शून्य संन्यासी का जीवन मुझे नहीं चाहिए।"

इसके बाद विवेकानंद वराहनगर चले आये। इसी बीच 25 मई 1890 को सुरेन्द्रनाथ मित्र को देहावसान हो गया। श्री मित्र ही मठ का व्यय भार ग्रहण करते थे। अत: दो माह तक स्वामी जी को वराहनगर में उत्सुक हुए। इस समय मां शारदा घुसुड़ी गांव में रहती थीं। यात्रा पर निकलने से पूर्व विवेकानंद उनका आशीर्वाद लेने गये।

जुलाई 1890 में वराहनगर से वह भागलपुर पहुंचे। कुछ दिन वहां रहने के बाद देवघर गये। वहां से वह पुन: काशी में प्रभदादास के अतिथि बने। काशी से विवेकानंद उत्तराखण्ड की यात्रा पर निकल पड़े। अयोध्या आदि स्थानों पर होते हुए वह पहले नैनीताल और फिर अल्मोड़ा पहुंचे। अल्मोड़ा

पहुंचने से पूर्व एक स्थान पर पैदल चलने से थके होने के कारण बेहोश होकर गिर पड़े थे। आज उस स्थान पर विवेकानंद स्मारक है। कुछ दिन अल्मोड़ा में रहने के बाद वह आगे बढ़ गये।

इस समय वराहनगर मठ के अनेक संन्यासी हिमालय यात्रा पर निकल पड़े थे। अल्मोड़ा से वह कर्णप्रयाग में स्वामी तुरीयानन्द से मिलने गये। इसके बाद वह बदरीनाथ जाना चाहते थे, किंतु स्वामी अखण्डानंद की अस्वस्थता के कारण उन्हें देहरादून जाना पड़ा। आनन्ददायक लगा। यहां की प्राकृतिक सुषमा में उन्हें दिव्य आनन्द की अनुभूति हुई, जिसका उन्होंने अपनी पुस्तक 'परिव्राजक' में मनोहारी वर्णन किया है।

यहां स्वामीजी गम्भीर रूप में अस्वस्थ हो गये थे। उनके जीवन की आशा भी नहीं रह गयी थी। कोई उपाय न देखकर उनके गुरु भाई ईश्वर से उनके स्वस्थ होने की प्रार्थना करने लगे। तभी एक अपरिचित संन्यासी वहां आया। उसने स्वामी जी को कोई दवा दी। संन्यासी के चले जाने के कुछ देर बाद स्वामीजी ने आंखें खोल दीं।

इसके बाद विवेकानंद मेरठ पहुंचे। वहां वह एक सेठ के उद्यान में रहते थे। कुछ दिन बाद वहां उनके अनेक अन्य भाई भी पहुंच गये। कुछ दिन वहां रहने के बाद स्वामीजी अकेले ही आगे बढ़ गये। अब वह अकेले ही यात्रा करना चाहते थे।

फरवरी 1891 में विवेकानंद अलवर पहुंचे। वहां वह पंडित शम्भूनाथ के घर ठहरे। वहां अनेक हिन्दू-मुसलमान युवक उनके प्रवचन सुनने आते थे। कुछ दिन बाद वह अलवर राज्य के दीवान के अतिथि बने। अलवर नरेश उनसे मिलकर इतने प्रभावित हुए कि उनके भक्त बन गये। उन्होंने स्वामीजी के चरण स्पर्श कर उनका आशीर्वाद मांगा था। स्वामीजी के अलवर से प्रस्थान करते समय अलवर नरेश का कहना था कि इससे पूर्व उन्होंने ऐसे महापुरुष के दर्शन नहीं किये थे।

अलवर से विवेकानंद जयपुर पहुंचे। उनके गुरुभाई अखण्डानंद के लिए उनका वियोग असह्य हो गया था। वह उन्हें ढूंढ़ते-खोजते जयपुर आ पहुंचे। स्वामीजी नहीं चाहते थे कि संन्यासी इस प्रकार के मोह में पड़ें। अतः उन्होंने कठोरतापूर्वक अखण्डानन्द को वहां से अन्यत्र चले जाने का आदेश दे दिया।

जयपुर में राज्य के एक विद्वान से स्वामीजी ने अष्टाध्यायी का अध्ययन किया, जिसे समझने में पहले उन्हें भारी कठिनाई हुई थी और पढ़ाने वाला

विद्वान निराश हो गया था, किंतु बाद में उन्होंने एक सूत्र की सरल व्याख्या कर उस विद्वान को चकित कर दिया। जयपुर राज्य के मुख्य सेनापति हरिसिंह स्वामी जी के भक्त बन गये थे।

जयपुर से वह आबू पहुंचे और एक गुफा में रहने लगे। कोटा राज्य का एक मुसलमान वकील उन्हें देखकर बड़े प्रभावित हुए और अपने घर ले गये। उसने स्वामी जी का परिचय कोटा के प्रधानमंत्री फतेहसिंह से कराया। उनके गुणों के विषय में सुनकर खेतरी के राजा के सचिव जगमोहन लाल उनके दर्शन करने आये। उन्हें यह देखकर आश्चर्य हुआ कि स्वामी जी एक मुसलमान के घर रुके हुए थे और उसी के घर भोजन भी करते थे।

बाद में अपने सचिव से स्वामी जी के विषय में सुनकर खेतरी नरेश ने उन्हें दरबार में आमंत्रित किया। राजा ने स्वामी जी के सामने अनेक समस्याएं रखीं। जिनका स्वामी जी ने संतोषजनक समाधान किया। दरबार के पण्डित नारायणदास स्वामी जी की विद्वत्ता से अभिभूत हो उठे।

खेतरी नरेश पुत्रहीन थे। उन्होंने स्वामी जी से आशीर्वाद मांगा, तो वह बोले "श्रीरामकृष्ण की कृपा से आपकी मनोकामना पूर्ण होगी।"

खेतरी से स्वामी जी पोरबन्दर पहुंचे। इससे पहले लिम्बडी का राजा उनका शिष्य बन चुका था। स्वामी जी को सड़क पर घूमते देख पोरबन्दर नरेश उन्हें अपने भवन में ले गये। वहां के राजपण्डित से भी स्वामीजी ने महाभाष्य का अध्ययन किया । इसी समय गोवर्धन पीठ के शंकराचार्य का पोरबन्दर आगमन हुआ। उनके सम्मान में लिम्बडी राजभवन में एक सभा हुई। स्वामीजी भी इस सभा में गये। वहां उनके प्रभावपूर्ण प्रवचन को सुनकर बड़े-बड़े विद्वान आश्चर्यचकित रह गये। पोरबन्दर के बाद विवेकानंद ने द्वारिका, माण्डली, बड़ौदा आदि की यात्रा की। बड़ौदा में वह राज्य के दीवान मणिभाई के अतिथि बने।

सितम्बर 1892 में स्वामी जी रेल के द्वितीय श्रेणी के डिब्बे में बैठकर बम्बई से पूना जा रहे थे। उसमें कुछ युवकों में संन्यास को लेकर वादविवाद हो रहा था। एक पक्ष संन्यास को अकर्मण्यता का सूचक बता रहा था और दूसरा पक्ष उसकी महिमा का बखान कर रहा था। संन्यास की महिमा का बखान करने वालों में एक युवक बाल गंगाधर तिलक थे। वादविवाद अंग्रेजी में हो रहा था। कुछ देर बाद स्वामी जी भी उसमें सम्मिलित हो गए। अंत में सभी को स्वामी जी की बात माननी पड़ी कि संन्यासियों ने ही उच्च आदर्शों का प्रचार किया था।

पूना स्टेशन पर उतरने पर तिलक स्वामी जी को अपने घर ले गये। कुछ दिन वहां रहकर वह बेलगांव पहुंचे। वहां वह वन विभाग के कर्मचारी हरिपद मित्र के घर रुके। कुछ दिन बाद फिर वहां से भी चल पड़े और बंगलौर पहुंचे। वहां उनका परिचय मैसूर राज्य के दीवान शेषाद्रि तथा नरेश चामरोन्द्र वाडियर से हुआ। उनसे प्रभावित होकर नरेश ने उन्हें अपना अतिथि बनाया। स्वामी जी राजा के अनुचित कार्य की आलोचना करने में कभी नहीं चूकते थे। उनकी स्पष्टवादिता से प्रसन्न होकर मैसूर नरेश उनके मित्र बन गये। एक दिन दरबार में विद्वानों की एक विचार सभा बुलायी गयी। विद्वान किसी एक निष्कर्ष पर नहीं पहुंच सके। अन्त में स्वामी जी ने समस्या का समाधान प्रस्तुत किया।

मैसूर नरेश ने स्वामी जी के सामने प्रस्ताव रखा कि वह विदेशों में जाकर भारतीय संस्कृति का प्रचार करें। इसके लिए वह आर्थिक सहायता को तैयार थे, किंतु स्वामी जी पूर्ण भारत भ्रमण किये बिना विदेश नहीं जा सकते थे। अतः उन्होंने विनम्रतापूर्वक इसे अस्वीकार कर दिया। मैसूर से स्वामी जी कोचीन को चल पड़े। उस समय मैसूर नरेश ने उन्हें अनेक उपहार देने चाहे, किंतु स्वामी जी ने एक छोटी-सी वस्तु ही स्वीकार की। नरेश उनकी पोटली में एक नोटों की गड्डी रखने का हठ कर रहे थे। स्वामीजी इससे किसी तरह भी सहमत न हुए। अन्ततः उन्होंने कोचीन तक दूसरी श्रेणी का रेलवे टिकिट लेना स्वीकार कर लिया।

कोचीन, त्रिचूर होते हुए विवेकानंद त्रिवेन्द्रम पहुंचे। वहां उन्होंने त्रावणकोर के राजा के भतीजे सुन्दरराम अय्यर का आतिथ्य स्वीकार किया। उसके सम्पर्क से स्वामी जी का परिचय राजा तथा राज्य के अन्य उच्चाधिकारियों से हुआ। त्रिवेन्द्रम के बाद वह मदुरै गये और वहां के राजा भास्कर सेतुपति के अतिथि बने, जो बाद में उनके शिष्य बन गये। वहां से वह रामेश्वरम् होते हुए कन्याकुमारी पहुंचे।

कुछ दिन कन्याकुमारी में रहने के बाद वह फ्रांसीसी उपनिवेश पाण्डिचेरी पहुंचे। वहां अनेक शिक्षित युवक उनके भक्त बन गये। कुछ दिन बाद यहां 'हिन्दू धर्म और उसके संस्कार' विषय पर एक ब्राह्मण से उनका शास्त्रार्थ हुआ। दुराग्रही ब्राह्मण अपनी पराजय होती देख गालियों की बौछार करने लगा। स्वामी जी उसे शान्त करने का प्रयत्न करते किंतु उस पर कोई प्रभाव नहीं पड़ा। अन्ततः वहां उपस्थित युवकों को सम्बोधित करते हुए

स्वामीजी को कहना पड़ा, "धर्म के नाम पर प्रचलित आचार व्यवहार वस्तुत: धर्म है या नहीं इसकी परीक्षा लेने का उत्तरदायित्व आज युवकों के कंधों पर है। हमें अतीत में प्रचलित परम्पराओं से निकल कर वर्तमान प्रगतिशील विश्व को देखना होगा। यदि हम देखें कि परम्परागत आचार व्यवहार विकास में बाधक बन रहे हैं- तो हम जितनी शीघ्रता से उन्हें त्याग दें उतना ही अच्छा होगा।"

इस समय मद्रास के डिप्टी अकाउण्टेण्ट जनरल मनमथनाथ भट्टाचार्य पाण्डिचेरी आये हुए थे। वह स्वामी जी को त्रिवेन्द्रम् में देख चुके थे। यहां उन्हें सड़क पर घूमते देख भट्टाचार्य पहचान गये। यहां से कुछ दिन बाद दोनों मद्रास पहुंचे। वहां अनेक प्रोफेसर और विद्यार्थी स्वामी जी के पास आने लगे। कुछ ही दिनों में भट्टाचार्य का घर एक आध्यात्मिक केन्द्र जैसा बन गया। अनेक विद्यार्थी उनके शिष्य बन गये। इस विषय में सुनकर ईसाई कॉलेज के विज्ञान के प्रोफेसर लिंगरावेलु मुदलियार उनका मजाक उड़ाने लगे। वह नास्तिक थे अपने तर्कों से स्वामी जी को परास्त करने के लिए वह स्वामी जी के पास आये, किंतु कुछ ही देर वादविवाद में उनकी बोलती बन्द हो गयी। लोगों ने देखा कि उनकी आंखों से अश्रुधारा बह रही थी। वह स्वयं स्वामी जी के शिष्य बन गये। बाद में जब विवेकानंद अमरीका में थे, तो उनके आदेश पर श्रीमुदलियार 'प्रबुद्ध भारत' के सम्पादक बने थे। स्वामी जी उन्हें 'किड़ी' नाम से सम्बोधित करते थे। कुछ समय बाद उन्होंने घर-परिवार छोड़कर संन्यास ले लिया। एक नास्तिक का हृदय परिवर्तन करना निश्चय ही स्वामी जी की महानता थी।

## धर्म सम्मेलन की तैयारी

इस समय शिकागो (अमरीका) में एक विश्व धर्म सम्मेलन होने जा रहा था। स्वामी जी के कुछ मद्रास के शिष्यों ने उनसे अनुरोध किया कि वह इस सम्मेलन में हिन्दू धर्म के प्रतिनिधि के रूप में भाग लें। शिष्यों ने पांच सौ रुपये एकत्र कर उन्हें दिये, किंतु स्वामी जी ने उनसे कहा कि रुपये दरिद्रनारायण की सेवा में लगाए जाएं। एक संन्यासी होने के नाते स्वामी जी धन लेकर चलना उचित नहीं समझते थे।

फरवरी के आरम्भ में स्वामी जी बाबू मधुसूदन चटर्जी के आमन्त्रण पर हैदराबाद पहुंचे। श्री चटर्जी राज्य के इंजीनियर थे। स्टेशन पर उतरने पर

स्वामी जी ने देखा कि वहां उनके सम्मान के लिए हैदराबाद राजपरिवार के कई सदस्यों सहित वहां के तथा सिकन्दराबाद के कई महत्त्वपूर्ण व्यक्ति उपस्थित थे। वहां से उन्हें पुष्पमालाएं पहनाकर मधुसूदन चटर्जी के आवास पर ले जाया गया। 12 फरवरी 1893 को स्वामी जी निजाम के साले नवाब सर खुर्शीद जंग बहादुर के आमन्त्रण पर उनके महल में गये। नवाब हिन्दू धर्म का अत्यन्त सम्मान करते थे और प्राय: सभी हिन्दू तीर्थों का यात्रा कर चुके थे।

नवाब सर खुर्शीद जंग बहादुर ने स्वामी जी का भव्य स्वागत किया और उन्हें विदेश यात्रा के लिए एक हजार रुपये देने चाहे किंतु स्वामी जी ने रुपये नहीं लिये।

लोगों के अनुरोध पर स्वामी जी ने हैदराबाद के महबूब कॉलेज में 'पाश्चात्य देशों के लिए मेरा सन्देश' विषय पर भाषण दिया। 17 फरवरी को वह पुन: मद्रास चले गये। अभी तक स्वामी जी का शिकागो धर्म सम्मेलन में जाने का कोई विचार नहीं था। आनन्द चारलू, न्यायमूर्ति सुब्रह्मण्यम अय्यर आदि व्यक्तियों ने उनसे अनुरोध किया कि वह धर्म सम्मेलन में अवश्य भाग लें। अत: एक दिन स्वामी जी ने अपने शिष्य आलासिंगा पेरूमल को बुलाया और आदेश दिया कि वह धर्म सम्मेलन में भाग लेगे, अत: इसके लिए जनसामान्य से भिक्षा लेकर धन की व्यवस्था की जाए। उन्होंने यह भी कहा कि इस कार्य में राजा महाराजाओं से सहायता न ली जाए।

इसी बीच उन्हें सूचना मिली कि खेतरी नरेश के घर पुत्र का जन्म हुआ था। न चाहते हुए भी खेतरी नरेश के प्रबल अनुरोध पर स्वामी जी को खेतरी जाना पड़ा। फिर वह खेतरी के जगमोहनलाल के साथ बम्बई आ गये। उन्होंने खेतरी नरेश से आर्थिक सहायता लेना सर्वथा अस्वीकार कर दिया। स्वामी जी के लाख मना करने पर भी खेतरी नरेश के मुन्शी जगमोहनलाल ने उनके लिए एक रेशमी चोला और बहुमूल्य पगड़ी खरीद ही ली। उन्होंने स्वामी जी के लिए जहाज में प्रथम श्रेणी का केबिन भी आरक्षित करा दिया। शिकागो जाने की तैयारी करने लगे।

# पश्चिमी जगत में

## अमरीका में

दण्ड-कमण्डल धारी स्वामी विवेकानंद के पास अमरीका जाते समय उनके भक्तों की भेंट स्वरूप काफी सामान हो गया था। स्वामी जी इससे बड़ी असुविधा अनुभव कर रहे थे, किन्तु भक्तों का मन रखना उनकी विवशता थी। 31 मई 1893 को वह बम्बई से शिकागो के लिए चल पड़े। पश्चिमी आचार व्यवहार सीखने के लिए उन्होंने जहाज के कप्तान से मित्रता कर ली। आठवें दिन वह श्रीलंका की राजधानी कोलम्बो पहुंचे। वहां उन्होंने अनेक मन्दिरों और मठों के दर्शन किये।

कोलम्बों से सिंगापुर होते हुए वह हांगकांग पहुंचे। वहां जहाज तीन दिन रुका। इस बीच स्वामी जी दक्षिण चीन की राजधानी केन्टन पहुंचे। वहां भी उन्होंने अनेक मठों और मन्दिरों को देखा। चीन और भारत की दुर्दशा को देखकर स्वामी जी का हृदय रो उठा।

जापान के याकोहामा बन्दरगाह से चल पड़ने के बाद स्वामी जी बैंकुवर पहुंचे। बैंकुवर से तीन दिन की रेलयात्रा के बाद वह शिकागो जा पहुंचे।

## आरम्भिक कठिनाइयां

जब स्वामी जी शिकागो की सड़कों पर चलने लगे तो उनके भगवे वस्त्रों को देखकर लोग उन्हें बड़े कौतूहलता से देखने लगे। कई बच्चे उनके पीछे हो लिये। स्वामी जी को बैंकुवर से ही अनुभव हो गया था कि वहां भी लोग अपरिचित आदमी को ठगने में पीछे नहीं रहते। उनसे कुली सामान उठाने के अधिक पैसे मांगते थे। रेलवे स्टेशन से वह एक होटल में चले गये।

दूसरी प्रात: वह एक प्रदर्शनी देखने गये, जिसमें औद्योगिक महत्त्व की वस्तुओं तथा पाश्चात्य कला, शिल्प आदि को दिखाया गया था। प्रदर्शनी

देखने के बाद सायंकाल वह होटल में लौट आये। वहां समाचारपत्रों के अनेक प्रतिनिधियों ने स्वामी जी का साक्षात्कार लिया। स्वामी जी को अनुभव हुआ कि अमरीका के लोग विदेशियों से बड़ा मधुर व्यवहार करते थे, किन्तु इसके पीछे उनकी प्रदर्शन की भावना रहती थी और कोई भी आर्थिक सहायता करने के लिए तैयार न था। होटल वाले भी उनसे मनमाने पैसे मांगते थे। इससे उनके पैसे दो सप्ताह में ही समाप्त हो गये। उनके मन में विचार आने लगा कि कहीं उन्होंने अमरीका आकर गलती तो नहीं की, किन्तु यह विचार स्थायी नहीं रहा।

दो सप्ताह बाद ही उन्हें ज्ञात हुआ कि धर्म सम्मेलन सितम्बर से पहले नहीं होने वाला था। इसके नियमानुसार स्वामी जी के पास कोई परिचय पत्र नहीं आये थे। अत: वह इसमें भाग नहीं ले सकते थे। अब इसके लिए आवेदन करने का समय भी नहीं रह गया था। इससे उन्हें बड़ी निराशा हुई और वह बोस्टन चले गये।

बोस्टन में एक दिन स्वामीजी यों ही टहल रहे थे। उनकी विचित्र वेशभूषा देखकर एक महिला से उनका परिचय हो गया। उसने स्वामी जी को अपने यहां आमंत्रित किया और उन्हें प्रचार कार्य में सहायता देने का आश्वासन दिया। वहां अपनी वेशभूषा के कारण उन्हें हंसी का पात्र भी बनना पड़ता था।

अमरीकी महिलाओं के परामर्श से स्वामीजी ने अपने लिए एक लम्बा कोट बनवा लिया और निर्णय लिया कि काषाय चोगा और पगड़ी वह केवल सम्मेलन में ही पहनेंगे। उक्त महिला के घर पर उनका परिचय हार्वड विश्वविद्यालय में ग्रीक के प्रोफेसर जे. एच. राइट से हुआ। प्रोफेसर राइट ने धर्मसम्मेलन के आयोजकों को लिखा कि स्वामी जी वहां आये सभी विद्वानों से अधिक ज्ञानवान हैं। इस पत्र को लेकर स्वामी जी पुन: शिकागो की ओर चल पड़े। रेलयात्रा के टिकट के लिए पैसे भी उन्हें प्रोफेसर राइट से ही प्राप्त हुए।

स्वामी जी को डॉक्टर बैरोंज का पता दिया गया था। शिकागो में उनका पता ढूंढ़ने में उन्हें भारी कठिनाई हुई। इस विषय में पूछने पर लोग उन्हें अश्वेत (नेग्रो) समझकर मुंह फेर लेते थे। उन्हें किसी होटल का पता भी नहीं मिल पाया, फलत: रेलवे मालगोदाम के एक पैकिंग बाक्स में घुस पड़े। रात्रि में बर्फ गिरनी आरम्भ हो गयी। अत्यधिक ठण्ड थी। प्रात: तड़के ही स्वामी जी सड़क पर निकल पड़े। कोई उपाय न देखकर वह भीख मांगने लगे, किन्तु इसमें भी उन्हें उपेक्षा ही मिली, तभी सहसा एक अपूर्व सुन्दरी ने दरवाजा खोला और उनसे

पूछा, "आप धार्मिक सम्मेलन में भाग लेने आये हैं?" स्वामीजी ने उसे सारी आपबीती कह सुनायी। वह उन्हें सम्मेलन में ले जाने के लिए सहमत हो गयी। इस महिला का नाम श्रीमती जार्ज डब्ल्यू हैल था। महिला के प्रयत्नों से वे सम्मेलन के आयोजकों के पास पहुंचे। उन्हें सम्मेलन में भाग लेने की अनुमति मिल गयी और उनके रहने की व्यवस्था भी हो गयी। इस प्रकार अमरीका में उनकी आरम्भिक कठिनायों का अन्त हुआ।

## धर्म सम्मेलन में

विश्व धर्म सम्मेलन में भारत से ब्रह्मसमाज के प्रतिनिधि प्रतापचन्द्र मजूमदार, जैन धर्म के वीरचन्द्र गांधी तथा थियोसोफीकल सोसाइटी की ओर से श्रीमती एनीबेसेण्ट भी आयी हुई थी। मजूमदार से स्वामी जी का पूर्व से परिचय था। सम्मेलन के विशाल हॉल में श्रोताओं और दर्शकों के बैठने की समुचित व्यवस्था थी। सर्वप्रथम वहां आये प्रतिनिधियों का परिचय दिया गया। स्वामी जी ने व्याख्यान की तैयारी नहीं की थी, अत: वह घबरा रहे थे। उनके काषाय वस्त्र सभी के आकर्षण का केन्द्र बने हुए थे। प्रथम दिन वह संक्षेप में बोले-मेरे अमरीका निवासी भाई-बहिनों! सम्बोधन सुनकर लोग इतने प्रभावित हुए कि दो मिनट तक तालियां बजती रहीं। 11 सितम्बर 1893 को जब स्वामीजी अपना भाषण देने के लिए उठे तो उन्होंने देखा कि वहां इतनी भीड़ इससे पूर्व कभी नहीं हुई थी। स्वामीजी के भाषण के विषय में बाद में श्रीमती एनी बेसेण्ट ने लिखा था-"महिमामयी मूर्ति काषाय वस्त्रों से सुशोभित शिकागो के धुएं से मलिन वृक्ष पर भारतीय सूर्य की तरह देदीप्यमान... स्वामी विवेकानंद सर्वप्रथम मुझे इसी रूप में दिखायी दिये... यह भारत के गौरव राष्ट्र के मुख को उज्ज्वल करने वाले सबसे पुराने धर्म के प्रतिनिधि दूसरे उपस्थित प्रतिनिधियों में सबसे कम अवस्था के होने पर भी प्राचीनतम व श्रेष्ठतम सत्य की जीवन्त मूर्ति... अपनी जन्मभूमि की गौरवपूर्ण गाथाओं को न भूलकर भारत के सन्देश की घोषणा की। स्वामी जी सभा मंच पर उठ खड़े हुए। दूसरे शक्तिमान और प्रतिभायुक्त प्रतिनिधियों ने यद्यपि अपने सन्देह को सुन्दर रूप में अभिव्यक्त किया था, किंतु इस अतुलनीय प्राच्य प्रचारक की महिला के समक्ष वे सभी नतमस्तक हो गये थे।

स्वामी जी का 'हिन्दू धर्म' पर भाषण होने के बाद 19 सितम्बर को वहां आये कुछ प्रतिनिधियों ने कहना आरम्भ किया, वर्तमान में हिन्दू धर्म का यह स्वरूप नहीं है। रेवण्ड नामक एक प्रतिनिधि ने उन पर मिथ्यावादी होने का

आरोप लगाया और उन्हें सम्मेलन से निकलने की मांग की। सम्मेलन के आयोजक इससे तो सहमत नहीं हुए, किंतु उन्होंने स्वामी जी को परामर्श दिया कि वे इन आपत्तियों का खण्डन करें। फलत: 22 सितम्बर का स्वामी जी ने इन प्रतिवादों का खण्डन किया।

25 सितम्बर को स्वामी विवेकानांद ने 'हिन्दू धर्म का सार' नामक विषय पर भाषण दिया। भाषण में स्वामी जी ने प्रश्न किया, "हिन्दू धर्म और धर्मशास्त्र से प्रत्यक्ष रूप से कितने लोग परिचित हैं?" इस पर प्राय: आठ हजार लोगों में से केवल तीन-चार हाथ ही उठे, तो स्वामी जी बोले, "और फिर भी आप हमारे धर्म की आलोचना करने का साहस करते हैं।" स्वामीजी पुन: भाषण देने लगे।

27 सितम्बर को सम्मेलन का अन्तिम दिन था। इस दिन स्वामी जी ने घोषणा की "इस सम्मेलन के कार्यों का निरीक्षण करने के बाद जो लोग यह भावना रखेंगे कि किसी समय कोई एक धर्म विश्व धर्म हो जाएगा या किसी एक धर्म से ही ईश्वर की प्राप्ति हो सकती है, वे भावों का आदानप्रदान करेगा ओर अपनी शक्ति के अनुसार उन्नति के और बढ़ेगा। आज से सभी धर्मों की ध्वजाओं पर अंकित कर दो- 'युद्ध नहीं सहायता', 'विध्वंस नहीं, आत्मस्थ कर लेना', 'द्वन्द्व भेद नहीं, सामंजस्य और शान्ति'। अपने अन्तिम सन्देश में स्वामी जी ने कहा- "हिन्दू तुम्हें कभी पापी नहीं मानते। पापी? तुम सब अमृत की संतान हो। इस धरा में पाप नाम की कोई चीज नहीं है। यदि कुछ पाप है तो मनुष्य को पापी कहना ही महापाप है। तुम सर्वशक्तिमान आत्मा हो, शुद्ध मुक्त और महान हो। उठो जाग्रत होओ, आत्मस्वरूप को जानने का प्रयत्न करो।"

## मानवों के बीच अतिमानव

अपने भाषणों से स्वामी विवेकानंद ने अमरीका ही सही, अपितु विश्व को झकझोर कर रख दिया था। धर्म सम्मेलन की विज्ञान सभा के अध्यक्ष श्री स्नेहल ने उनके विषय में लन्दन के 'पायोनियर' में लिखा- "... हिन्दू धर्म के एकमात्र आदर्श प्रतिनिधि स्वामी विवेकानंद निर्विवाद रूप से सम्मेलन में सर्वाधिक लोकप्रिय और प्रभावशाली व्यक्ति हैं... जिन्होंने उनका भाषण सुना और जो उनसे व्यक्तिगत रूप में परिचित हुए हैं वे उनकी मुक्तकण्ठ से प्रशंसा कर रहे हैं। स्वामी जी मानवों के बीच अतिमानव हैं।"

सम्मेलन के बाद 'न्यूयार्क हेराल्ड' ने लिखा- "शिकागो धर्मसम्मेलन में विवेकानंद ही सर्वश्रेष्ठ व्यक्ति हैं। उनका भाषण सुनकर लगता है कि धार्मिक क्षेत्र में इस प्रकार के उन्नत राष्ट्र भारतवर्ष में हमारे धर्मप्रचारकों को भेजना मूर्खता मात्र है।"

स्वामी जी के व्यक्तित्व की बाद में भी विश्वभर में चर्चा होती रही। उस समय तो अमरीका के समाचार पत्रों में वह एकमात्र चर्चा के विषय बन गये थे। 'दि प्रेस ऑफ अमरीका' ने उनके विषय में लिखा था-"उन्होंने अपने भाषण से मानो सम्मोहन शक्ति के बल पर मुग्ध कर दिया था। वह उपस्थित प्रतिनिधियों में अग्रणी हैं। वहां प्रत्येक चर्च के पादरी उपस्थित थे, किंतु स्वामीजी के भाषणों की आंधी में उन सभी के विषय बह गये।''

'बोस्टन ईवनिंग ट्रैंस्क्रिप्ट ने 5 अप्रैल 1894 को लिखा "वस्तुत: विवेकानंद एक उदार सरल और ज्ञानी महापुरुष हैं, वह हमारे देश के विद्वानों से गुणों में कहीं अधिक हैं।"

सम्मेलन के बाद अमरीका के जन-जन के मुंह पर स्वामी जी का नाम था। हजारों लोग उनसे मिलने आने लगे, किंतु स्वामी जी कहते थे, "मैं सामान्य दूत मात्र हूं- मेरा कार्य संदेश पहुंचाना है।"

इसके बाद स्वामी जी को अमरीका के विभिन्न नगरों में व्याख्यान देने के लिए आमंत्रित किया गया। अनेक अमरीकी उनके मित्र बन गये। उनकी तर्क शैली से अमरीकी बुद्धिजीवी भी अभिभूत हो उठे। इस विषय में जावा स्टेट रजिस्टर में लिखा था, "जिसने अपनी बुद्धि से उन्हें पराजित करने का प्रयत्न किया, उस अभागे के सभी प्रयत्न निष्फल हो गये। उनका उत्तर बिजली के समान होता था... श्रोताओं को बिजली के समान आहत जैसा बना देती है।"

स्वामी जी की लोकप्रियता को अमरीका के संकीर्ण पादरी सहन नहीं कर सके, अत: वे उनके विरुद्ध तरह-तरह का मिथ्या प्रचार करने लगे। यही नहीं, उन्होंने अनेक युवतियों को भी स्वामी जी को रिझाने के लिए भेजा। उन्हें लोगों की दृष्टि में गिराने का हर प्रयत्न किया गया। पादरियों के षड्यंत्रों से स्वामी जी के मित्र भयभीत हो उठे, अत: वे स्वामी जी से अनुरोध करने लगे कि वह वहां के समाज की परम्पराओं की आलोचना न करें।

स्वामी जी मार्च से जून 1894 तक संयुक्त राज्य अमरीका के अनेक नगरों में भाषण दिये। जून में न्यू एकर में अनेक छात्र उनसे वेदांत की शिक्षा लेने आये।

स्वामी जी उन्हें वृक्षों के नीचे बैठ कर पढ़ाते थे। विभिन्न नगरों की यात्रा के बाद अक्तूबर में स्वामी जी न्यूयार्क लौट आये। डॉक्टर लुइस जी. जेम्स के अनुरोध पर उन्होंने 'पौचमैंशन' में हजारों श्रोताओं के समक्ष हिन्दू धर्म के विषय में भाषण दिया। भाषणों की यह शृंखला फरवरी 1895 तक चलती रही।

यद्यपि स्वामी जी को व्याख्यानों से धन भी मिलता था, किंतु वह उसे तत्काल दान कर देते थे। अमरीका की भोगप्रधान सभ्यता उन्हें किंचित् भी विचलित नहीं कर सके। पादरी उनके विरुद्ध दुष्प्रचार करते रहते थे और उनका प्रयत्न रहता था कि अमरीका उनसे प्रभावित न हों। कई बाद पादरी स्वामी जी को आमंत्रित करने वाले व्यक्ति के घर पहुंचकर उसके कान भर देते और जब स्वामी जी वहां जाते, तो उन्हें दरवाजे बन्द मिलते। अमरीका के 'स्वतन्त्र चिन्तक' संगठन ने भी स्वामीजी का विरोध किया। वह संगठन नास्तिकों की संस्था थी। एक बार इस संगठन ने स्वामी जी को भाषण देने के लिए आमंत्रित किया। उस व्याख्यान से अनेक नास्तिक उनके शिष्य बन गये।

अनेक अमरीकी स्वामी जी के विषय में सुनकर दूर-दूर से उनके पास आते थे। कुमारी एम. सी. फ्रांकी ने इस विषय में लिखा है कि वह उनसे मिलना चाहती थी। उन्होंने पक्का निर्णय कर लिया था कि चाहे कहीं भी भेंट क्यों न हो वह स्वामी जी से अवश्य मिलेंगी। प्राय: दो वर्ष तक उन्हें स्वामी जी का पता ही नहीं मिला। वह मान बैठी कि स्वामी जी चले गये हैं। एक दिन उनके किसी मित्र ने सूचना दी कि वह अमरीका में ही हैं। अत: उनसे मिलने के लिए वह दूसरे दिन प्रात: ही चल पड़ी। बहुत खोजने के बाद स्वामीजी उन्हें मिल गये। उनसे साक्षात्कार का वर्णन करती हुई कुमारी फ्रांकी ने लिखा है– "अन्त में बहुत खोजने के बाद हम उनसे मिले। वह एकान्त में निवास कर रहे थे। हमने उनकी शान्ति भंग करने का दु:साहस किया। यह सोचकर मुझे बड़ा भय लगा, किंतु हमारे प्राणों में उन्होंने ऐसी आग लगा दी थी जो कभी नहीं बुझ सकती थी। इस अद्‌भुत व्यक्तित्व और उनके उपदेश के विषय में हम और अधिक जानना चाहते थे। यह एक अंधेरी रात थी। मूसलाधार वर्षा हो रही थी। फिर भी हम चले जा रहे थे। उनसे मिले बिना हमें चैन कहां– क्या वे हमें शिष्य बना लेंगे? यदि नहीं, तो हम क्या करेंगे? सहसा मुझे ख्याल आया कि जो व्यक्ति हमारे नाम से भी अवगत नहीं है उससे मिलने के लिए कई सौ मील जाना कहीं मूर्खता तो नहीं होगी... बाद में इस विषय में स्वामी जी हमसे कहते थे- मेरे

दो शिष्य सैकड़ों मील चलकर मुझसे मिलने आये थे, भीषण वर्षा और रात्रि में। मिलने पर उनसे क्या कहूंगी, मैंने पहले ही मन में विचार कर लिया था, किंतु उनसे मिलने पर हम सब कुछ भूल गये। हममें एक व्यक्ति केवल इतना ही कह सका 'हम डिट्राइट' से आ रहे है।" एक अन्य व्यक्ति बोला, "यदि इस समय ईश्वर पृथ्वी पर होता, तो जैसे हम उसके पास जाते, उसी प्रकार आपके पास आ रहे हैं।" वह स्नेहपूर्ण दृष्टि से देखते हुए मधुर स्वर में बोले, "यदि मुझसे भगवान ईसा के समान शक्ति होती तो तुम्हें इसी क्षण मुक्त कर देता तभी न..." पिता अपनी सन्तान को जिस दृष्टि से देखता है, वह उसी प्रकार हमें देखते थे। यद्यपि हममें से अनेक व्यक्ति अवस्था में उनसे बड़े थे। प्रात: की कक्षाओं के वार्तालाप को सुनकर कई बार हमें ऐसा लगता था कि मानों उन्होंने ब्रह्म को हथेली पर रखे आंवले के समान प्रत्यक्ष कर लिया था। ऐसे समय प्राय: वह कमरे से बाहर निकल जाते और थोड़ी देर बाद लौटकर कहते ''मैं आप लोगों के लिए भोजन बनाने जा रहा हूं और आज वह कोमल पुण्यस्मृति ही तो हमें उत्तराधिकार में दे गये हैं।

## भारत में प्रसन्नता

शिकागो सम्मेलन में स्वामी जी को प्राप्त सम्मान के विषय में सुनकर भारत में प्रसन्नता की लहर दौड़ गयी। खेतरी और रामनंद के राजा उनके शिष्य थे। इन दोनों राज्यों के दरबारों में इस अवसर पर विशेष समारोह आयोजित किये गये और स्वामी जी को बधाई संदेश भेजे गये। मद्रास के राजा रामस्वामी मुदलियार तथा उनके दीवान सुब्रह्मण्य अय्यर ने भी एक विराट सभा का आयोजन किया और स्वामी जी को प्रसन्नतापूर्वक पत्र लिखा।

इस अवसर पर कोलकाता में विशेष उत्सव आयोजित किये गये। बाद में 5 सितम्बर 1894 को कोलकाता के टाउन हाल में राजा प्यारीमोहन मुखर्जी की अध्यक्षता में एक सभा आयोजित की गयी। इस सभा में हजारों श्रोता उपस्थित थे। सभा में अनेक बुद्धिजीवियों और गणमान्य व्यक्तियों ने व्याख्यान दिये तथा हिन्दू धर्म की ओर से उनके प्रति कृतज्ञता व्यक्त करने के लिए पत्र भेजा गया।

जहां एक ओर स्वामी जी की इस सफलता के लिए विश्व भर में उनकी मुक्तकण्ठ से प्रशंसा की गयी, वहीं मिशनरी उनका यह सम्मान सहन नहीं कर सके। उन्होंने अमरीका में ही नहीं, भारत में भी उनके विरुद्ध दुष्प्रचार

करना आरम्भ कर दिया। भारत में कार्यरत मिशनरी उनके विरुद्ध समाचारपत्रों के माध्यम से दुष्प्रचार करने लगे। इससे प्रभावित होकर अनेक संकीर्ण हिन्दू भी इसमें सम्मिलित हो गये। स्वामी जी के आहार व्यवहार के विरुद्ध छपी हुई पर्चियां वितरित की जाने लगीं। कट्टर हिन्दूओं के पत्र 'बंगवासी की इस दुष्प्रचार में विशेष भूमिका रही।

ईसाई मिशनरी विदेशों में भारत को नरभक्षी मनुष्यों वाले एक असभ्य देश के रूप में प्रस्तुत करते थे। स्वामी जी के भाषणों से पाश्चात्य जगत भारत की वास्तविकता से परिचित हुआ। इससे मिशनरियों को अपनी पोल खुलती दिखायी देने लगी और वे स्वामी जी के विरोधी बन गये। इससे स्वामी जी के भारतीय प्रशंसक क्षुब्ध हो उठे।

स्वामीजी यदा-कदा अपने भाषणों में पाश्चात्य जगत की भोग प्रधान संस्कृति तथा साम्राज्यवाद की निन्दा कर बैठते थे। इस बिन्दु को लेकर मिशनरी उन्हें एक राजनीतिज्ञ के रूप में प्रतिष्ठिन करने लगे। इससे वे स्वामी जी को आध्यामिक महापुरुष के रूप में मिली प्रतिष्ठा को कम करना चाहते थे। उनके शिष्यों ने इस विषय में स्वामी जी को लिखा, किंतु स्वामी जी इससे बिलकुल भी विचलित नहीं हुए। उन्होंने शिष्यों को लिखा- "आश्चर्य है कि तुम लोग मिशनरियों के दुष्प्रचार से विचलित हो गये। यदि हिन्दू मुझे कट्टर हिन्दू की तरह भोजन करने का परामर्श बिना मांगे देता हो तो उससे कहो कि वह मेरे लिए एक ब्राह्मण रसोइये और कुछ धन भेज दे उनमें एक पैसे की सहायता करने की तो नहीं किंतु ज्ञानियों की तरह उपदेश देने की बहुत सामर्थ्य है। यह सुनकर मेरी हंसी नहीं रुकती । दूसरी ओर यदि मिशनरी ऐसे कहते हैं, तो उनसे कहो कि वे पूर्णतया झूठे है... याद रखो कि मैं किसी के निर्देश पर चलने के लिए सहमत नहीं हूं। मैं किसी प्रकार की निन्दा आदि की चिन्ता नहीं करता। क्या मैं किसी व्यक्ति या जाति विशेष का खरीदा हुआ दास हूं? क्या तुम कहना चाहते हो कि मैंने कुसंस्कारी, निर्दय, दुर्बल चरित्र, नास्तिकों के तथाकथित शिक्षित व्यक्तियों के बीच में रहने के लिए जन्म लिया है। मैं सभी प्रकार की कायरता से धृणा करता हूं। उन सब दुष्टों और राजनीतिज्ञों से मेरा कोई सम्बन्ध नहीं है। ईश्वर और सत्य ही मेरी राजनीति है।"

प्राय: दो वर्ष संयुक्त राज्य अमरीका में रहने के बाद स्वामी जी ने लन्दन जाने का कार्यक्रम बनाया। अमरीका के अनेक नगरों में भ्रमण के बाद वह न्यूयार्क लौट आये थे। इंग्लैंड की कुमारी हेनरी एटामुलर ने उन्हें लन्दन आने

का निमन्त्रण दिया था। वह स्वामी जी के वेदान्त ज्ञान से अत्यधिक प्रभावित हो चुकी थीं। स्वामी जी के एक अन्य प्रशंसक श्री इ. टी. स्टर्डी भी उनसे बार-बार लन्दन आने का आग्रह कर रहे थे।

यों भी अमरीका में निरन्तर व्याख्यान देने और एक से दूसरे स्थान भ्रमण करने से स्वामी विवेकानंद थक चुके थे। उनके शुभचिन्तकों ने उन्हें जलवायु परिवर्तन का परामर्श दिया था। इसका पहले भी उल्लेख किया जा चुका है कि स्वामी जी व्याख्यानों से हुई आय को दान कर देते थे। कहने की आवश्यकता नहीं कि उनके पास कुछ भी नहीं था। इसी समय उनके न्यूयार्क के धनाढ्य मित्र ने उनके समक्ष अपने साथ यूरोप की यात्रा पर चलने का परामर्श रखा, तो स्वामी जी सहर्ष तैयार हो गये।

अमरीका में अपना प्रचार कार्य स्वामी कृपानन्द, स्वामी अभयानंद और भगिनी हरिदासी पर छोड़कर अगस्त 1895 में स्वामी जी अपने धनी अमरीकी मित्र के साथ यूरोप की यात्रा पर चल पड़े।

## इंग्लैण्ड में

न्यूयार्क से प्रस्थान करने के बाद स्वामी विवेकानंद पहले फ्रांस की राजधानी पेरिस पहुंचे। वहां अनेक दर्शनीय स्थलों की यात्रा के बाद वह इंग्लैण्ड पहुंचे। भारत को दासता के बन्धनों में आबद्ध करने वाले इस साम्राज्यवादी देश के लिए उनके हृदय में स्वाभाविक रूप में कोई अच्छी भावना नहीं थी। साथ ही भारत में अंग्रेजों के शासक जाति के अहंकार ने भी इस देश के प्रति उनके मन में कोई अच्छा प्रभाव नहीं डाला था, किंतु यहां के अंग्रेजों और भारत के अंग्रेजों में उन्हें एक बहुत बड़ा अन्तर देखने में आया। इस विषय में स्वामी जी ने स्वयं लिखा है– "अंग्रेज जाति के प्रति मुझसे अधिक धृणा भावना लेकर अन्य किसी व्यक्ति ने ब्रिटेन की भूमि पर पग नहीं रखा होगा, किंतु आज यहां अंग्रेज जाति को चाहने वाला अन्य कोई व्यक्ति नहीं है।"

वस्तुतः स्वामी जी अंग्रेजों की वीरता और उद्यमशीलता से अत्यधिक प्रभावित हुए। इसके साथ ही वह जाति अपने देश में विदेशियों से बड़ा सभ्यतापूर्ण व्यवहार करती है।

## आंधी उत्पन्न करने वाला हिन्दू

शिकागो सम्मेलन से स्वामी विवेकानंद एक विश्वविख्यात व्यक्तित्व बन

चुके थे। लन्दन में उनके नाम की धूम पहले ही मच गयी थी। लन्दन ही नहीं समस्त पाश्चात्य जगत में उन्हें 'आंधी पैदा करने वाला हिन्दू' कहा जाने लगा था। जहां भी वह जाते, अपार जनसमूह उन्हें घेर लेता। लन्दन में उन्हें विभिन्न संस्थानों और संगठनों से व्याख्यान देने के लिए निमन्त्रण मिलने लगे। प्रात:काल वह लोगों द्वारा पूछे गये प्रश्नों का उत्तर देते और अपराह्न में व्याख्यान देने का कार्यक्रम चलता।

'पिकैडली प्रिंसेस हाल' में उनका भाषण सुनकर लन्दन की जनता मुग्ध हो उठी। इसके बाद अनेक उच्च शिक्षित लोग उनके व्याख्यान सुनने के लिए आने लगे। उनके इस भाषण के अनेक समाचारपत्रों ने सम्पादकीय लिखे। 'दि स्टैण्डर्ड' ने इस विषय में लिखा- "राजा राममोहन राय के बाद केवल केशवचन्द्र सेन को छोड़कर प्रिंसेस हाल में इस हिन्दू वक्ता की तरह कोई भी प्रभावशाली भारतीय मंच पर अवतीर्ण नहीं हुआ.. व्याख्यान के क्रम में उन्होंने हमारे कारखाने, वैज्ञानिक आविष्कार तथा पुस्तकों से हमारा वस्तुत: भला हुआ है, इसकी बुद्ध और ईसामसीह के कुछ वचनों से तुलना करते हुए अत्यन्त निर्भीकता से उपेक्षापूर्ण आलोचना की। भाषण देते समय उन्होंने किसी कागज पर लिखे हुए बिन्दुओं से सहायता नहीं ली। उनका मधुर कण्ठ स्पष्ट तथा संदेहरहित था।''

भगवान गौतम बुद्ध से स्वामी जी की तुलना करते हुए 'दि लन्दन डेली क्रानिकल' ने लिखा- ''लोकप्रिय हिन्दू संन्यासी विवेकानंद के अंग-प्रत्यंग से बुद्ध की चिरपरिचित मुखमण्डल की आभा झलकती है। उन्होंने वाणिज्य से प्राप्त हमारी सम्पन्नता, रक्त पिपासापूर्ण युद्ध, धर्म आदि के सम्बन्ध में हमारी असहिष्णुता की तीव्र आलोचना करते हुए कहा कि इस मूल्य में बेचारे हिन्दू हमारी (अंग्रेजों की) आडम्बरपूर्ण सभ्यता से प्रेम नहीं करेंगे।"

स्वामीजी की कीर्ति चन्द्रिका से आकृष्ट होकर अनेक पत्रों के प्रतिनिधि भी उनका साक्षात्कार लेने आए। इसी प्रकार उनका साक्षात्कार लेने के बाद 'वेस्ट मिनिस्टर गजट' के प्रतिनिधि ने 'लन्दन में भारतीय योगी' शीर्षक लेख लिखा। इसमें स्वामीजी के विषय में लिखा था कि वह किसी सम्प्रदाय की स्थापना नहीं करना चाहते और न ही वह किसी विशेष मत से प्रचारक हैं। वह केवल अपने गुरु श्रीरामकृष्ण से प्राप्त सन्देश का प्रचार करना चाहते हैं। उन्हें विश्वास है कि विभिन्न मतावलम्बी अपने-अपने धर्मों का पालन करते हुए भी वेदांत की शिक्षा ग्रहण कर सकते हैं।

स्वामी जी ने लन्दन के भाषणों में पाश्चात्य जगत को चेतावनी दी कि उसने वेदांत के त्याग, विवेक, वैराग्य आदि तत्त्वों को अपने जीवन में नहीं उतारा तो उसका नाश अवश्यम्भावी है। पाश्चात्य जगत की भोग प्रधान संस्कृति तथा आयुध निर्माण में उसकी होड़ के भावी दुष्परिणामों के प्रति सचेत करते हुए एक भाषण में उन्होंने कहा ''सावधान! मैं अपनी दिव्यदृष्टि से देख रहा हूं कि समस्त पाश्चात्य जगत एक ज्वालामुखी पर खड़ा है जो किसी भी समय आग उगलकर उसे नष्ट कर सकता है। यदि तुम अभी भी सचेत न हुए, तो आगामी पचास वर्षों में तुम्हारा विनाश निश्चित है।"

प्राय: एक माह में ही इंग्लैण्ड का जन-जन स्वामीजी के नाम से परिचित हो गया। इसी बीच इंग्लैण्ड की एक विदुषी अध्यापिका कुमारी मार्गरेट ई. नोबेल उनके सम्पर्क में आयीं और उनकी शिष्या बन गयी, जो बाद में भगिनी निवेदिता के नाम से प्रसिद्ध हुईं।

लन्दन में स्वामी जी के व्याख्यान देते समय श्रोता बीच में भी प्रश्न पूछते रहते थे। इसका एक कारण वहां भारत के विषय में मिशनरियों को दुष्प्रचार भी था। एक बार व्याख्यान देते समय जब स्वामी जी भारत के गौरव का वर्णन कर रहे थे, एक श्रोता ने पूछा ''भारत के हिन्दुओं ने आज तक किसी जाति पर विजय प्राप्त नहीं की, तो उन्होंने क्या किया?"

"उन्होंने किसी जाति को पराजित नहीं किया यही उनका गौरव है। भारत सदा से दाता और धर्मगुरु रहा है। हिन्दू दूसरे का धन लूटने वाले रक्त पिपासु दस्यु नहीं थे। इसलिए मुझे अपने पूर्वजों पर गर्व है।" स्वामीजी ने उत्तर दिया।

एक अन्य श्रोता ने पूछा, ''यदि आपके पूर्वज धर्मदान करते थे तो धर्म प्रचारार्थ इस देश में क्यों नहीं आये?''

"उस समय तुम्हारे पूर्वज वनवासी असभ्य थे, गुफाओं में रहते थे, पत्ते पहनते थे और शरीर को रंगों से रंगते थे। क्या वे जंगलों में धर्म का प्रचार करते?" स्वामीजी बोले।

बहुधा स्वामीजी ईसामसीह का उदाहरण भी देते रहते थे। इस पर एक बार एक श्रोता ने पूछा "जब आप ईसाई हैं ही नहीं, तो इस धर्म के आदर्शों को कैसे समझेंगे।?"

स्वामीजी ने कहा, 'ईसामसीह भी पूर्वी देश के थे, संन्यासी और त्यागी थे। मैं भी पूर्वी देश का संन्यासी हूं। मैं मानता हूं कि अभी पश्चिमी देश उन्हें नहीं समझ सके हैं। क्या उन्होंने यह नहीं कहा था कि- जाओ अपना सब

कुछ बांट दो और उसके बाद मेरे पास आओ; मेरे बताये मार्ग पर चलो। तुम्हारे देश के कितने ही विलासी व्यक्ति ईसामसीह के इस कथन को सत्य मानते हैं और कितनों ने इसका पालन किया है कि एक धनी व्यक्ति के स्वर्ग में प्रवेश करने की अपेक्षा ऊंट का सुई के छेद से निकल जाना अधिक सरल है?"

स्वामीजी के इस प्रकार के उत्तरों की एक लम्बी शृंखला है। कोई भी व्यक्ति यदि उनसे कुछ पूछता, तो वह उसकी शंका का समाधान अवश्य करते थे। उनके व्याख्यानों से अनेक अंग्रेजों को भारत के एक नये रूप के दर्शन हुए। अभी तक स्वयं को शासक जाति का समझने कारण जो अंग्रेज भारतीयों का हेय दृष्टि से देखते थे, उन्हें स्वामीजी ने यह सोचने के लिए बाध्य कर दिया कि अंग्रेजों का भारत पर अधिकार उनकी वीरता को नहीं अपितु स्वार्थ परायणता को सूचित करता है।

अमरीका की तरह ही स्वामीजी को इंग्लैण्ड में भी वेदांत के प्रचार में सफलता मिली। जब वह पुनः अमरीका जाने की तैयारी करने लगे तो अनेक व्यक्ति बड़े दुःखी हुए। वे नहीं चाहते थे कि स्वामीजी इंग्लैण्ड छोड़कर जाएं। उनके प्रचार कार्य के विषय में 18 जनवरी 1896 को 'इण्डियन मिरर' ने लिखा था- "यह लिखते हुए बड़ी प्रसन्नता होती है कि स्वामी विवेकानन्द ने इंग्लैण्ड के अनेक भद्र पुरुषों और महिलाओं को प्रभावित किया है। उनकी हिन्दू दर्शन एवं योग विषयक कक्षाओं में अनेक श्रोता भाग लेते हैं... लन्दन की अनेक अभिजात्य वर्ग की विलासप्रिय महिलाएं भी कुर्सियों के अभाव में भारत के गुरुभक्त शिष्यों की तरह पालथी मार कर फर्श पर बैठकर उनके उपदेश सुन रही हैं–वास्तव में ये अद्भुत दृश्य है। सुना है कि कैनन्स, विल्बर फोर्स, हेज आदि विशिष्ट धर्मप्रचारकों ने भी उन्हें बड़े सम्मान के साथ ग्रहण किया है। कैनन्स के आवास पर स्वामी जी के सम्मान में एक पारिवारिक सभा बुलायी गयी, इसमें लन्दन के अनेक गणमान्य स्त्री-पुरुष उपस्थित थे। स्वामी जी ने अंग्रेजी भाषी जनता के मन में भारत के प्रति जिस प्रेम एवं सहानुभूति की भावना को जगाया है निश्चय ही वह भारत की सहायक शक्तियों में सर्वोच्च स्थान प्राप्त करेगी।"

इधर स्वामी जी लन्दन में प्रचार कार्य कर रहे थे, उधर उनके अमरीका प्रशंसक उनसे बार-बार अमरीका लौटने का आग्रह कर रहे थे और इधर लन्दन में उनके भक्त नहीं चाहते थे कि वह इस देश से चले जाएं। स्वामी

जी ने इंग्लैण्ड में अपने शिष्यों की एक समिति बनायी जिसे भगवत गीता आदि हिन्दू धर्म की पुस्तकों की चर्चा तथा उनके उपदेशों के प्रचार का कार्य सौंपा गया। इसके बाद वह पुनः अमरीका की ओर चल पड़े।

## पुनः अमरीका में

अपने अमरीकी भक्तों का प्रबल अनुरोध स्वामी जी अस्वीकार नहीं कर सके। बोस्टन की एक धनी महिला ने उन्हें पत्र लिखा कि उनके अमरीका में प्रचार कार्य का सारा व्यय वह स्वयं वहन करेंगी। अतः प्राय तीन महीने तक इंग्लैण्ड में रहने के बाद स्वामीजी पुनः अमरीका गये। अपने आध्यात्मिक गुरु को पुनः अमरीका में देखकर उनके अमरीकी प्रशंसक अपार प्रसन्न हुए।

## इंगरसोल से मित्रता

इस बार स्वामी जी का परिचय अमरीका में एक ऐसे व्यक्ति से हुआ, जिसका जीवन दर्शन स्वामी जी से सर्वथा भिन्न था। यह व्यक्ति था राबर्ट ग्रीन इंगरसोल। इंगरसोल का जन्म ड्रेसडन में 11 अगस्त 1833 को हुआ था। यह असाधारण प्रतिभा का धनी वकील पक्का नास्तिक था। 1868 में वह अपने राज्य के गवर्नर के पद के लिए चुनाव में खड़ा हुआ, तो उसका विरोध केवल इसीलिए किया गया क्योंकि वह एक नास्तिक था। वह एक सफल वकील और अद्‌भूत तर्कशक्ति का स्वामी था। बड़े-बड़े वकील उसके विरुद्ध खड़ा होने का साहस नहीं कर पाते थे। उसका व्यवसाय केवल व्याख्यान देना था। इसी से उसे पर्याप्त आय हो जाती थीं इस विषय में भदन्त आनन्द कौशल्यायन लिखते हैं–

"एक व्याख्याता के रूप में निःसन्देह इंगरसोल का बहुत ही ऊंचा दर्जा था। किसी भी समय और किसी भी ऋतु में उसके श्रोताओं से बड़े से बड़ा हॉल भर जाता था। उसके व्याख्यानों से उसे जो आय होती थी, वह संयुक्त राज्य अमरीका के राष्ट्रपति की आय से दुगुनी थी। यह भी अनुमान लगाया गया है कि अपने जीवन के पिछले पचास वर्षों में उसकी आय उस समय के देश के श्रेष्ठतम बीस व्याख्याताओं की आय से भी अधिक थी...।"

कहने का आशय यही है कि स्वामी जी और इंगरसोल के जीवन दर्शन में पृथ्वी और आकाश का अन्तर था। यदि एक उत्तरी ध्रुव था, तो दूसरा दक्षिणी ध्रुव। दोनों की मित्रता निश्चय ही एक अद्‌भूत बात थी। इंगरसोल

स्वामी जी के धर्म, ईश्वर आदि से सम्बद्ध विषयों का उपहास करता रहता था। एक दिन वह स्वामी जी से बोला, "यह संसार सन्तरे के समान है, इसे जितना हो सके निचोड़कर इसका रस पीना चाहिए। इसका कोई प्रमाण नहीं कि परलोक है, फिर झूठी आशा के सहारे संसार के सुखों का त्याग करने से कोई लाभ नहीं। क्या पता कब मौत आ जाए।"

मुस्कराते हुए स्वामी जी बोले "संसार रूपी सन्तरे का रस निकालना मैं तुमसे अच्छी तरह जानता हूं और इसीलिए तुमसे अधिक रस प्राप्त करता हूं। मैं जानता हूं कि मेरी मृत्यु नहीं है, अतः मुझे तुम्हारी तरह कोई जल्दबाजी नहीं है। मुझे जगत से किसी प्रकार का भय नहीं है, क्योंकि स्त्री, पुरुष परिवार आदि का कोई बन्धन नहीं है। मेरी दृष्टि में सभी ईश्वर का रूप हैं। विचार करो मनुष्य को इस रूप में देखकर मुझे कितना आनन्द मिलता है। मैं निश्चिन्त होकर इस रस को पी रहा हूं। तुम भी मेरे समान ही इस सन्तरे का रस निकालना आरम्भ कर दो; तब तुम्हें पहले से हजार गुना अधिक रस मिलने लगेगा।"

स्वामी जी के इस तर्क से इंगरसोल निरुत्तर हो गया। व्याख्यान देते समय यदाकदा श्रोता बीच में प्रश्न भी पूछते रहते थे। स्वामी जी उनके प्रश्नों का सन्तोषजनक उत्तर देते रहते थे।

स्वामी जी की अनुपस्थिति में अमरीका में उनके शिष्य उनके कार्य को संन्तोषजनक रूप में आगे बढ़ा रहे थे। वे जिस नगर में जाते, लोग उनके प्रवचन सुनने के लिए उमड़ पड़ते। पुनः अमरीका आने पर स्वामी जी ने अपना कार्य आगे बढ़ाया। 6 दिसम्बर 1895 को न्यूयार्क पहुंचने पर स्वामीजी ने 29 नम्बर स्ट्रीट में दो विशाल कक्ष किराये पर लिए, जिसके लिए आर्थिक सहायता उनकी एक बोस्टन निवासी शिष्या ने की थी। यहां वह अपने शिष्य कृपानन्द के साथ रहते थे। यहां प्रायः डेढ़ सौ छात्र भी शिक्षा पाते थे। यहीं स्वामी जी ने कर्मयोग पर अनेक व्याख्यान दिये।

स्वामी जी भाषणों को उनके शिष्य लिपिबद्ध करते रहते थे, किन्तु समस्त भाषणों को बिना आशुलिपि जाने लिपिबद्ध करना सम्भव नहीं था। कुछ दिन बाद इंग्लैण्ड से आये श्री गुडविन को इसके लिए रख लिया गया। वह स्वामी जी से इतना प्रभावित हुए कि उनके शिष्य बन गये।

'बड़े दिन' के अवसर पर श्रीमती ओली बुल ने स्वामी जी को अपने महिलाओं के समक्ष भारतीय नारी के आदर्श पर एक सारगर्भित भाषण दिया। इससे कैम्ब्रिज की महिलाएं इतनी प्रभावित हुईं कि स्वामीजी जैसे पुत्र

को जन्म देने वाली मां को धन्य समझने लगीं। उन्होंने स्वामी जी की माता को एक पत्र लिखा। इस पत्र के साथ मां मेरी की गोद में 'ईसा' का एक चित्र भी था। इस पत्र के महत्त्वपूर्ण अंश यहां उद्धृत किये जा रहे है-

"... जगत के कल्याण को जन्म देने वाली मां मेरी के दान रूपी ईसामसीह का जन्म दिन आज हम बड़े आनन्द से मना रही हैं। अपने बीच आपके पुत्र को पाकर हम आज आपका श्रद्धा सहित अभिवादन करती हैं... आपकी इस सन्तान से आपके जीवन का प्रभाव स्पष्ट है... उस ईश्वर का आशीर्वाद धरा पर विकीर्ण हो जाए, इस आकांक्षा के साथ आपका जीता जागता उदाहरण उन्हें सदा कार्य क्षेत्र में अनुप्राणित करें, इस स्मरण के साथ आप हमारी कृतज्ञता को स्वीकार करें...।"

कुछ दिन बाद स्वामी जी पुनः न्यूयार्क लौट आये। उनके भाषणों को सुनने के लिए लोगों की भीड़ उमड़ पड़ती थी। वह न्यूयार्क पीपुल्स चर्च, ब्रुकलिन मैटाफिजिकल सोसाइटी और हडीमैन होम (रविवार को निःशुल्क) व्याख्यान देते थे। व्याख्यान देने के बाद वह नित्य दो बार श्रोताओं के प्रश्नों के उत्तर भी देते थे। फरवरी 1896 से उन्होंने 'मैविसन स्क्वायर गार्डन' में भक्तियोग पर भाषण देना आरम्भ किया। वहां प्रायः दो हजार श्रोता नित्य आते थे। इसके अतिरिक्त कई संस्थाओं ने स्वामी जी को व्याख्यान देने के लिए आमन्त्रित किया। उनके भाषणों से प्रभावित होकर एक अमरीकी ने 'ब्रह्मवादिन' पत्रिका में लिखा था- "ईश्वर ने कृपा करके एक ऐसे धार्मिक शिक्षक को यहां भेजा है, जिसका उत्कृष्ट दर्शन शनैः-शनैः निश्चित रूप से इस देश के नैतिक जीवन में प्रवेश कर रहा है। इस असाधारण शक्ति के स्वामी, पावनचरित मनीषी ने समुन्नत आध्यात्मिक जीवन, सार्वभौमिक धर्म, दया, आत्मत्याग और मानवबुद्धि द्वारा ग्रहण किये जाने योग्य भावों की व्याख्या की है। स्वामी विवेकानंद ने हमारे बीच एक ऐसे धर्म का प्रचार किया है, जो सम्प्रदायवाद अथवा मतवाद के बन्धनों से सर्वथा मुक्त है... उन्हें अपने शिष्यों एवं अनुयायियों के साथ ही अनेक मित्र भी मिले हैं। मित्रता तथा भ्रातृभावना से उन्होंने समाज के हर स्तर को देखा है। उनके व्याख्यानों को सुनने और उनसे वार्तालाप करने के लिए हमारे नगर के सर्वाधिक प्रतिभासम्पन्न विद्वान भी जाते हैं। उनका प्रभाव गम्भीर रूप से पड़ रहा है। एक आध्यात्मिक जागृति का प्रबल स्रोत अप्रत्यक्ष रूप में बह रहा है। किसी भी प्रकार की निन्दा प्रशंसा उन्हें किसी बात का अनुमोदन या विरोध करने के लिए उत्तेजित नहीं कर सकती...।"

स्वामी जी ने अनेक अमरीकी बुद्धिजीवियों को संन्यास की दीक्षा दी और उन्हें वेदांत की शिक्षा देने लगे। अनेक स्त्री-पुरुष उनके शिष्य बन गये और स्वयं वेदांती कहने में गर्व का अनुभव करने लगे। स्वामी जी के इस प्रभाव की ओर संकेत करते हुए प्राय: बारह वर्ष बाद अमरीका की एक कवियित्री एग्ना व्हीलर ने लिखा था-

"...संयोगवश एक दिन सायंकाल मैंने सुना कि भारत से दर्शन शास्त्र के विवेकानंद नामक अध्यापक हमारे नगर न्यूयार्क में आये हैं और मेरे घर से कुछ ही दूर एक मकान में व्याख्यान दे रहे हैं। कौतूहलवश मैं और मेरे पति उनका व्याख्यान सुनने गये। दस मिनट के अन्दर ही हमने अनुभव किया कि हमें एक सूक्ष्म रहस्यमय भावना जगत् में ले जाया जा रहा है। मन्त्रमुग्ध होकर हमने अन्त तक भाषण सुना। भाषण का अन्त होने पर हम एक नये साहस, नयी आशा, नवीन शक्ति तथा विश्वास के साथ जीवन के कार्य करने लगे। मेरे पति बोले, 'यही दर्शन है' इसके बाद वह सब कुछ महीनों तक स्वामी जी के भाषण सुनाने के लिए ले जाया करते थे...।"

1896 के आरम्भ में स्वामी जी न्यूयार्क से डिट्राइट पहुंचे। उनके आशुलिपिक श्री गुडविन भी साथ थे। वह 'रिशलु' नामक एक होटल में कुछ कमरे लेकर रहने लगे। यह एक छोटा होटल था, जिसमें कुछ परिवार किराये पर रहते थे। स्वामी जी यहां भाषण देते। भाषण सुनने के लिए उमड़ पड़े, जनसमूह के लिए यहां जगह न होती। लोग सीढ़ियों पर बैठकर भी उसका भाषण सुनते और लोगों को निराश होकर लौटना पड़ता। अत: डिट्राइट छोड़ने से पूर्व रविवार को उन्होंने वेयेल चर्च में व्याख्यान दिया। उस दिन सायंकाल उनका भाषण सुनने के लिए इतनी भीड़ थी कि दूर-दूर तक सड़कों में भी लोग बैठे हुए थे। फिर भी कई लोगों को लौटना पड़ा। इसका स्वामी जी की शिष्या श्रीमती एम.सी. फ्रांकी ने आंखों देखा वर्णन किया है-

''स्वामी जी ने उस अपार श्रोतासमूह को मन्त्रमुग्ध कर दिया। उनके भाषण का विषय था- 'पाश्चात्य जगत के लिए भारत का सन्देश' तथा 'सार्वजनीन धर्म का आदर्श'। भाषण उत्कृष्ट एवं विद्वतापूर्ण था। उस रात्रि मैंने स्वामी जी के दर्शन जिस रूप में किये, वह अपूर्व था। उनके सौन्दर्य में कुछ अलौकिक था। लगता था मानो आत्मा पक्षी देह रूपी पिंजड़े को तोड़ना चाहता था और उसी समय सर्वप्रथम मुझे उनके आसन तिरोभाव का पूर्वभास हो गया था। अनेक वर्षों के परिश्रम से वह क्लांत हो गये थे... इस भय को

मिथ्या मानने के लिए मैंने स्वयं को समझाने का प्रयास किया, किन्तु अन्तर्रात्मा आशंकित हो चुकी थी...?"

## हावर्ड विश्वविद्यालय में भाषण

स्वामी जी के प्रभाव से ईसाई मिशनरी आशंकित हो उठे। उन्हें अपने सिंहासन डोलते हुए दिखाई देने लगे। वे उनके विरुद्ध अनेक प्रकार से प्रचार करने लगे तथा लोगों को उनकी सभाओं में न जाने का परामर्श देने लगे, किंतु स्वामी जी के प्रशंसक आर. एल. ग्रोसमैंन ने मिशनरियों के इन कृत्यों की कटु आलोचना की।

इसी समय हावर्ड विश्वविद्यालय के प्रो. फाक्स ने उन्हें दर्शन शास्त्र पर व्याख्यान देने के लिए आमन्त्रित किया। 25 मार्च 1896 को स्वामी जी ने हावर्ड विश्वविद्यालय में दर्शन के अध्यापकों तथा छात्रों के समक्ष व्याख्यान दिया। विश्वविद्यालय के छात्रों के अनुरोध पर यह व्याख्यान पुस्तक के रूप में प्रकाशित किया गया। इस पुस्तक की भूमिका इसी विश्वविद्यालय के प्रोफेसर एवरेट ने लिखी थी और इस सारगर्भित भाषण के लिए स्वामीजी के प्रति कृतज्ञता व्यक्त की थी।

इसके बाद स्वामी जी न्यूयार्क लौट आये। वह वेदान्त के प्रचार के लिए एक केन्द्र की स्थापना करना चाहते थे। इसके लिए न्यूयार्क में 'वेदान्त सोसाइटी' की स्थापना की गयी। एक धनाढ्य व्यक्ति फ्रांसिल-एच. लिंगेट इसके सभापति बनाये गये। भगिनी हरिदासी (कुमारी वाल्डो) योग की अध्यापिका तथा कृपानंद, योगानंद अभयानंद आदि वेदांत के प्रचारक नियुक्त किये गये। श्रीमती आर्थर स्मिथ, श्रीमती वाल्टर गुड़इयर कुमारी मेरी फिलिप, कुमारी एमा धर्सबी आदि को सोसाइटी के संचालन का कार्य सौंपा गया।

## दूसरी बार इंग्लैण्ड में

स्वामी जी के इंग्लैण्ड के शिष्य उनसे बार-बार इंग्लैण्ड पहुंचने के लिए अनुरोध कर रहे थे। अधिक दिनों तक उनके अनुरोध को टालना सम्भव न था, अत: 15 अप्रैल 1896 को उन्होंने इंग्लैण्ड की तरफ प्रस्थान किया।

स्वामीजी के अमरीकी शिष्य उन्हें नहीं जाने देना चाहते थे। किंतु उनका जाना आवश्यक था। अब उन्हें इंग्लैण्ड से भारत भी लौटना था, अत: उन्होंने तय किया कि अमरीका में अपने कार्य को आगे बढ़ाने के लिए अपने गुरु

भाई शारदानंद को न्यूयार्क बुला लिया गया। उन्होंने शारदानंद को पत्र लिखा कि वह तुरन्त इंग्लैण्ड पहुंच जाएं। उसके बाद ही उन्हें (शारदानंद को) न्यूयार्क भेजा जाना था।

शारदानंद स्वामीजी से पहले ही इंग्लैण्ड पहुंच गये थे। इन दिनों वह लन्दन में स्वामी जी के एक शिष्य स्टर्डी के घर रुके हुए थे। लन्दन पहुंचने पर स्वामी जी भी सीधे श्री स्डर्टी के घर पहुंचे। तीन-चार वर्ष के अन्तराल के बाद मिलकर दोनों गुरुभाई अत्यधिक प्रसन्न हुए।

स्वामी जी और शारदानंद कुमारी मुलर और श्री स्टर्डी के घर (सेंट जार्जस लेन) में रहने लगे। स्वामी जी के लन्दन लौटने का समाचार पाकर पुनः सैकड़ों लोग उनके दर्शन करने और उपदेश सुनने के लिए आने लगे।

मई 1896 के आरम्भ से स्वामी जी ने नियमित रूप से वेदांत की शिक्षा प्रश्नोत्तर कार्यक्रम तथा ज्ञान योग पर व्याख्यान देना आरम्भ कर दिया। इस मास के अन्त में उन्होंने ज्ञान, भक्ति कर्म-योग के पारस्परिक सम्बन्धों पर अत्यन्त महत्त्वपूर्ण भाषण दिये। इंग्लैण्ड के अनेक ज्ञानार्थी उन्हें अपने घरों पर व्याख्यान देने के लिए आमन्त्रित करने लगे। इन दिनों श्रीमती एनी बेसेण्ट भी लन्दन में ही थीं। स्वामी जी ने उनके विविनु रोड वाले आवास पर 'भक्ति' पर भाषण दिया उस दिन कर्नल अल्कार (थियोसोफिकल सोसाइटी के संस्थापक) भी वहीं थे।

स्वामी जी के व्याख्यानों से ऐग्लिन चर्च के एक धार्मिक नेता केनल हाइविस बड़े प्रभावित हुए। स्त्रियों में शिक्षा का प्रचार-प्रसार करने के लिए लन्दन में सीसेम क्लब नामक एक संस्था थी। इस सस्था में भी स्वामी जी ने शिक्षा पर भाषण दिया जिसमें उन्होंने प्राचीन भारतीय शिक्षा और आधुनिक शिक्षा पद्धति की तुलना करते हुए मानव चरित्र के निर्माण को शिक्षा का उद्देश्य बताया।

स्वामी जी ने लन्दन की एक धनी महिला श्रीमती मार्टिन के घर 'हिन्दुओं की आत्मा विषयक अवधारणा' पर भाषण दिया। इस भाषण के सम्बन्ध में 14 जून 1896 को 'द लन्दन अमेरिकन' पत्रिका ने लिखा-"स्वामी विवेकानंद ने हिन्दू धर्म को अन्धविश्वासों से ही मुक्त नहीं किया, अपितु एक उज्ज्वल स्थान पर भी प्रतिष्ठित कर दिया है। इससे उसके प्रति मानव श्रद्धा व्यक्त किये बिना नहीं रह सकता।'' इस पत्रिका के अनुसार स्वामी जी के इस भाषण के समय गुप्त रूप में राजपरिवार के कुछ व्यक्ति भी उपस्थित थे।"

## प्रोफेसर मैक्समूलर से भेंट

भारतीय ज्ञान के अनन्य उपासक प्रोफेसर मैक्समूलर इन दिनों ऑक्सफोर्ड में थे। उनके निमन्त्रण पर स्वामी जी उनसे मिलने गये। प्रोफेसर मैक्समूलर ने 'नाइनटीन्थ सैन्चुरी' पत्रिका में श्रीरामकृष्ण परमहंस के विषय में एक लेख लिखा था। उसे पढ़कर स्वामी जी पहले ही उनसे मिलना चाहते। संयोग से इस समय उनकी अभिलाषा पूरी हो गयी थी।

प्रोफेसर मैक्समूलर श्रीरामकृष्ण का जीवन चरित लिखना चाहते थे। इसके लिए उनके पास सामग्री का अभाव था। स्वामी जी से उन्हें पर्याप्त सहायक सामग्री प्राप्त हो गयी। इसी के परिणामस्वरूप उन्होंने बाद में परमहंस की जीवनी लिखीं। दोनों महापुरुष एक दूसरे से मिलकर अपार प्रसन्न हुए। स्वामीजी के वेदांत प्रचार के प्रोफेसर मैक्समूलर बड़े प्रभावित थे। भोजन के बाद वह स्वामीजी और उनके शिष्य स्टर्डी के साथ घूमने के लिए नगर में गये। उनके प्राच्य विद्यानुराग और भारतीय साहित्य एवं दर्शन के ज्ञान से स्वामीजी भी उनसे प्रभावित हुए बिना नहीं रह सके। उन्होंने बातों ही बातों में प्रोफेसर मैक्समूलर से पूछा, ''आप कब भारत आ रहें हैं? जिस महापुरुष ने हमारे पूर्वजों के ज्ञान की श्रद्धा सहित चर्चा की है, इसमें सन्देह नहीं कि उसकी अभ्यर्थना से भारतीय अपार प्रसन्नता का अनुभव करेगे।''

यह सुनकर वृद्ध प्रोफेसर मैक्समूलर के मुंह पर एक नयी चमक आ गयी। आंखों में आंसू लिये हुए वह बोल पड़े, "सम्भव है, वहां आने पर मैं वापस न लौट सकूं। मेरा अन्तिम संस्कार भी आप लोगों को ही करना पड़ेगा।"

उसी रात्रि जब स्वामी जी लन्दन लौटने के लिए रेलवे स्टेशन पहुंचे, तो आंधी और वर्षा आरम्भ हो गयी। एक वृद्ध व्यक्ति को इस प्रकार कष्ट करता देख स्वामी जी ने कहा, "आपको कष्ट करने की क्या आवश्यकता थी?"

"श्रीरामकृष्ण के योग्यतम शिष्य के दर्शन का सौभाग्य सदा नहीं मिलता" प्रोफेसर मैक्समूलर ने उत्तर दिया।

इस भेंट के बाद दोनों में एक अटूट मैत्री सम्बन्ध स्थापित हो गया। यद्यपि फिर दोनों कभी नहीं मिल सके, किंतु दोनों में परस्पर पत्रों का आदान-प्रदान चलता रहता था।

## स्विट्जरलैण्ड यात्रा

अनेक व्यक्ति स्वामी जी का शिष्यत्व उनके प्रथम बार इंग्लैण्ड आने पर ही ग्रहण कर चुके थे। इस बार सेवियर दम्पति स्वामी जी के शिष्य बन

गये। श्रीमती सेवियर यद्यपि उनकी शिष्या थी। तथापि स्वामी जी उन्हें मां शब्द से सम्बोधित करते थे। प्रोफेसर मैक्समूलर से मिलने के बाद स्वामी जी सेवियर दम्पति और कुमारी मूलर के साथ जुलाई 1896 के अन्त में कुछ दिन घूमने के लिए स्विटजरलैण्ड भी गये।

जेनेवा में उस समय एक शिल्प सम्बन्धी प्रदर्शनी लगी हुई थी। प्रदर्शनी में स्वामी जी एक बालक के समान गुब्बारे में उड़ने का हठ करने लगे। गुब्बारे में उड़ने का कार्यक्रम सायंकाल होता था। साथियों ने स्वामीजी के स्वास्थ्य को देखते हुए उन्हें ऐसा न करने का परामर्श दिया, किंतु वह नहीं माने और बार-बार पूछते थे कि क्या अभी इसका समय नहीं हुआ। निर्धारित समय पर स्वामी जी गुब्बारे में बैठकर उड़े और उतरने के बाद उन्होंने एक सामूहिक फोटो भी खिंचवाया।

जेनेवा में वह एक होटल में रुके थे। वहां से वह अपने शिष्यों के साथ 'कैसल ऑफ चिलो' देखने गये। इसके बाद उन्होंने वहां के अनेक दर्शनीय स्थानों की यात्रा की। फिर दो सप्ताह तक वह आल्प्स पर्वत श्रेणियों से घिरे एक गांव में रहे। यहां उन्होंने एकान्त में ध्यान का अभ्यास किया। इस दो सप्ताह के विश्राम से उनके स्वास्थ्य में आशातीत सुधार देखने में आया। आल्प्स पर्वत को देख कर स्वामी जी ने अपने शिष्यों से कहा, "मैं हिमालय में एक मठ बनाकर शेष जीवन वहीं ध्यान और तप में बिताना चाहता हूं। इस मठ में मेरे भारतीय और पाश्चात्य शिष्य रहेंगे। मैं उन्हें कर्म की शिक्षा दूंगा। उनका एक दल पश्चिमी जगत् में और दूसरा भारत में प्रचार कार्य करेगा।"

## जर्मनी में प्रोफेसर डायसन से भेंट

जर्मनी के कील विश्वविद्यालय में संस्कृति के प्रोफेसर डायसन स्वामी जी की विद्वत्ता के विषय में सुनकर उनसे मिलना चाहते थे। अत: उन्होंने स्वामी जी के लिए एक आमन्त्रणपत्र भेजा। पत्र इंग्लैण्ड पहुंच गया था। स्वामी जी के शिष्यों ने उसे उनके पास भेज दिया।

स्वामी जी स्विट्जरलैण्ड से जर्मनी पहुंचे और कील नगर की ओर चल पड़े। उनके आने का समाचार पाते ही प्रोफेसर डायसन को अपार प्रसन्नता हुई। स्वामी जी जहां रुके थे वहीं उन्हें प्रोफेसर डायसन का एक सन्देह मिला। स्वामी जी को दूसरे दिन प्रात:काल भोजन के लिए आमन्त्रित किया था। निर्धारित समय पर वह सेवियर दम्पति के साथ प्रोफेसर डायसन के घर

पहुंचे। डायसन दम्पति ने उसका हार्दिक स्वागत किया। प्रारम्भिक वार्तालाप के बाद प्रोफेसर डायसन स्वरचित पुस्तक के कुछ अंश पढ़कर सुनाने लगे। पुस्तक वैदिक साहित्य के विषय में थी। फिर वह बोले 'वेद वेदांत का ज्ञान क्षण भर में मनुष्य को बाह्यजगत से असम्पकृत कर देता है।"

प्रो. डायसन मुख्यत: वेदांत के विद्वान थे। वह वेदांत को दर्शन न कहकर उच्चतम जीवन का अवलम्ब कहते थे। उनके वेदान्त प्रेम से स्वामी जी बड़े प्रसन्न हुए। प्रोफेसर डायसन ने 1883 में 'रायल एशियाटिक सोसाइटी' की बम्बई शाखा में वेदांत पर व्याख्यान दिया था। उनके भाषण का सारांश विद्वानों में पर्याप्त चर्चित रहा था। उन्होंने इसे स्वामी जी को भी सुनाया, जो इस प्रकार था–

'वेदांत पावन नीतियों की सुदृढ़ आधारशिला है। यह जीवन और मृत्यु के बीच दु:खों के समूहों के लिए सान्त्वना देने वाली स्थली के समान है। हे भारतवसियों! इस पावन निधि का कभी परित्याग न करना।"

प्रात:काल का भोजन स्वामी जी ने प्रो. डायसन के घर ही किया। उस दिन उनकी (डायसन की) एक पुत्री का जन्म दिन भी था। भोजन के बाद स्वामी जी जाना चाहते थे, किंतु आतिथेय (मेजबान) के अनुरोध पर वह वहीं रुक गये। प्रो. डायसन की पत्नी भी भारत की यात्रा कर चुकी थीं। उन्होंने अपनी यात्रा के संस्मण सुनाये, प्रसन्नतामय वातावरण में अनेक विषयों पर बातचीत हुई। इस समय की एक घटना से स्वामी जी की अद्‌भूत स्मरण शक्ति का परिचय मिलता है। हुआ यों कि कार्यवश सहसा गृहस्वामी उठकर बाहर चले गये। स्वामी जी पास में रखी एक कविता की पुस्तक पढ़ने लगे। कुछ देर बाद जब प्रोफेसर डायसन लौटे तो वह (स्वामी जी) पुस्तक पढ़ने में इतने तल्लीन थे कि उन्हें इसका कुछ पता ही नहीं चला। पुस्तक पढ़ लेने के बाद उन्होंने उन्हें देखा और बोले, "मैं पढ़ने में डूब गया था, कदाचित् आप काफी देर से प्रतीक्षा कर रहे हैं।

सम्भवत: प्रो. डायसन को स्वामी जी की बात पर विश्वास नहीं हुआ कि वह पुस्तक पढ़ने में तल्लीन थे या किसी अन्य विचार में डूबे थे। स्वामी जी उनके मन की बात जान गये और बातें करते हुए बीच-बीच में उस पुस्तक की कविताएं सुनाने लगे। प्रो. डायसन को बड़ा आश्चर्य हुआ और पूछ बैठे, 'आपने पहले भी इस पुस्तक को पढ़ा होगा, अन्यथा एक बार पढ़ने से चार सौ पृष्ठ की पुस्तक आधे घण्टे में याद करना असम्भव है!"

स्वामी जी हंस पड़े और बोले, "जितेन्द्रिय योगी के लिए यह असम्भव नहीं है। मुझे पूरा विश्वास है कि इस शक्ति को सभी प्राप्त कर सकते हैं। आप जानते है कि मैं एक त्यागी संन्यासी हूं। आजन्म ब्रह्मचर्य का पालन करने से यह शक्ति मुझे स्वतः प्राप्त हो गयी है। पाश्चात्य जगत् के लोग इस पर विश्वास नहीं करेंगे...।"

प्रो. डायसन का अविश्वास जाता रहा। वह भारतीय संन्यासियों की इस प्रकार की शक्तियों से परिचित थे। वस्तुतः स्वामी जी के अलौकिक तेज का रहस्य उनका अखण्ड ब्रह्मचर्य ही था। वह अपने युवा और बालक शिष्यों से कहते थे, ''यदि तुम काम क्रोध आदि शतशः प्रलोभनों से अविचलित रहकर चौदह वर्ष तक सत्य की सेवा कर सको, तो तुम्हारा हृदय एक ऐसे दिव्य तेज से आलोकित हो जाएगा कि तुम जिसे मिथ्या मानते हो उसे कोई भी तुम्हारे समक्ष प्रकट करने का सहसा नहीं कर पाएगा।"

यद्यपि स्वामी जी गृहस्थ धर्म के सर्वथा विरोधी नहीं थे तथापि मानव जाति के कल्याण के लिए वह इसे आवश्यक समझते थे। अत्यधिक विषयासक्ति को वह निन्दनीय समझते थे। इस विषय में उनके विचारों की अभिव्यक्ति उनके इन शब्दों से होती है–

"... हम लोग केवल वाणी से स्वदेश के हित की रट लगाते हैं और स्वयं को महान धार्मिक समझकर फूले नहीं समाते। मद्रासी दूसरों की तुलना में अधिक तेज हैं और दृढ़ता से किसी कार्य में जुटे रहते हैं। विवाह! विवाह!! विवाह!!! मानों पाखण्डियों ने उस एक ही कर्मेन्द्रिय को लेकर जन्म ग्रहण किया है, योनिकीट... स्वयं को धार्मिक और सनातनधर्मी कहते हैं। अनासक्त गृहस्थ होना प्रशंसनीय है, तथापि इस समय उसकी इतनी आवश्यकता नहीं है। इस समय अविवाहित जीवन की आवश्यकता है... फिर भी वेश्यालय में जाने से इन्द्रियों की जो आसक्ति होती है, आज विवाह प्रथा में भी लड़कों में इस सम्बन्ध में प्रायः इसी प्रकार की आसक्ति होती है... किंतु मुझे ऐसे लोगों की आवश्यकता है, जिनकी मासपेशियां लोहे के समान सुदृढ़ हों और स्नायु मानों इस्पात के बने हों, उनके शरीर में वज्र के समान इच्छाशक्ति वाला मन हो। वीर्य! मानवता! क्षात्र तेज! हमारे लड़के जिन पर आशा की जा सकती है, उनमें सभी गुण-शक्तियां हैं, यदि इन लाखों लड़कों को विवाह की बलि वेदी पर न चढ़ा दिया जाए... देश में सत्य के लिए युद्ध करने हेतु तत्पर हो जाएंगे प्रोफेसर डायसन चाहते थे कि

स्वामी जी कुछ दिन और जर्मनी में रहें किंतु अब स्वामी जी को भारत भी लौटना था। अत: वह उनका अनुरोध स्वीकार नहीं कर सके। प्रोफेसर डायसन उनसे इतने प्रभावित हुए कि वह स्वामीजी का अधिकतम सान्निध्य सुख प्राप्त करना चाहते थे, अत: वह भी कुछ दिनों के लिए उनके साथ इंग्लैण्ड आ गये।

## विदाई समारोह

स्वामीजी शारद्रानंद को जून में ही अमरीका भेज चुके थे। इस बीच अभेदानंद भी भारत से इंग्लैण्ड पहुंच गये थे। स्वामी जी ने भविष्य में इंग्लैण्ड में प्रचार कार्य का उत्तरदायित्व उन्हें सौंप दिया और स्वयं भारत जाने का उपक्रम करने लगे। अक्टूबर-नम्बर 1896 में उन्होंने अद्वैतवाद के सिद्वान्तों पर भाषण दिये। एक अवसर पर उन्होंने पश्चिमी देशों के लोगों को सचेत किया कि वे भोगवाद की चरमसीमा की ओर बढ़ रहे हैं। यदि वह इस मार्ग से वापस नहीं लौटे तो उनकी सभ्यता नष्ट हो जाएगी। उन्होंने कहा था– "यदि तुम इस सन्देश को स्वीकार नहीं करोगे, तो आने वाले पचास वर्षों में तुम्हारा विध्वंस हो जाएगा।"

अक्तूबर में ही स्वामी जी ने कह दिया था कि वह शीध्र ही स्वदेश लौट जाएंगे। उनकी शिष्या ओली बुल उन्हें भारत में प्रचार तथा श्रीरामकृष्ण मिशन की स्थापना के लिए आर्थिक सहायता देना चाहती थी। उनके इस आशय के पत्र के उत्तर में स्वामी जी ने उन्हें लिखा कि वह कोलकाता मद्रास तथा हिमालय में तीन केंन्द्र स्थापित करना चाहते थे, किंतु उन्हें इसके लिए अभी आर्थिक सहायता लेना स्वीकार नहीं था। वह इस विषय में भारत जाकर ही विचार करना चाहते थे।

स्वामी जी दिसम्बर में भारत के लिए प्रस्थान करने वाले थे। उसके इंग्लैण्ड के मित्रों और शिष्यों ने रविवार 13 दिसम्बर 1896 को पिकाडिली के विशाल सभागार में एक विदाई समारोह का आयोजन किया। इस अवसर पर स्वामी जी के अभिनन्दन पत्र भी भेंट किया गया। उनसे वियोग की कल्पना ने ही लोगों को विह्वल कर दिया था, उनकी आंखों में आंसू देख सहसा स्वामीजी के मुंह से निकल पड़ा- हो सकता है कि मैं इसी में कल्याण समझकर इस शरीर के बन्धन को तोड़ डालू, जीर्ण वस्त्र की तरह इसका त्याग कर दूं, किंतु जब तक विश्व का हर मानव सर्वोच्च सत्य का साक्षात्कार न कर ले, मैं मानव जाति के कल्याणकारी धर्म का प्रचार नहीं रोक सकता।

इंग्लैण्ड के अनेक बुद्धिजीवी भी उनके प्रति अपार श्रद्धा रखते थे। कदाचित वह प्रथम भारतीय थे, जिसने पाश्चात्य जगत् में भारतीय वेदान्त दर्शन का प्रचार-प्रसार किया। इस विषय में हाउइस नामक पाश्चात्य विद्वान ने लिखा था कि स्वामी जी से प्रभावित होकर सैकड़ों व्यक्तियों ने ईसाई चर्चा से सम्बन्ध विच्छेद कर लिया। स्वामी जी के व्यक्तित्व की महिमा का उल्लेख करती हुई भगिनी के हृदय में अनमोल यादों का भण्डार छोड़ गये। मुझे यह कहने में संकोच नहीं कि मानवमात्र के प्रति उनका प्रेम अमूल्य रत्न है।

ब्रिटेन में उनके अद्‌भुत प्रभाव से अनेक व्यक्ति उनके शिष्य बन गये थे और उनके हृदय में भारत के प्रति एक श्रद्धा भावना जागृत हुई थी, इस विषय में प्रसिद्ध कांग्रेसी नेता विपिनचन्द्र पाल ने लिखा था- ''कुछ भारतीयों की धारणा है कि विवेकानंद के भाषणों का कोई विशेष प्रभाव नहीं पड़ा तथा उनके मित्रों ने उनके सामान्य कार्य को बढ़ा-चढ़ा कर प्रकट किया, किंतु यहां (इंग्लैण्ड) आकर मैं उनका अद्‌भूत प्रभाव देख रहा हूं। यहां मैंने अनेक व्यक्तियों से बात की। वे वास्तव में स्वामीजी के प्रति अपार श्रद्धा रखते हैं। मैं उनके (स्वामीजी के) समाज का नहीं हूं और उनसे मेरा मतभेद भी है, फिर भी मुझे यह कहना ही पड़ेगा कि उन्होंने वस्तुतः अनेक लोगों को नई राह दिखायी और उनके हृदय में उदारता भर दी। उनके प्रचार कार्य के फलस्वरूप आज अनेक लोग जान गये हैं कि हिन्दुओं के प्राचीन शास्त्रों में आध्यात्मिक सत्य के गूढ़ रहस्य हैं।''

स्वामी जी आत्मनिग्रह और सदाचार के प्रतीक बन गये थे। पाश्चात्य सभ्यता के लिए यह असम्भव बातें थीं। कदाचित् यह भी एक कारण था कि वे लोग स्वामी जी से इतने प्रभावित हुए थे। स्वामी जी सच्चे अर्थों में वेदान्ती थे। कट्‌टर आत्मनिग्रही होते हुए भी वह किसी से धृणा नहीं करते थे उनकी दृष्टि में महान संन्यासी और एक पतिता वेश्या सभी समान थे। उन्हें वेश्याओं से कोई घृणा नहीं थी; भले ही उनके कार्य से घृणा अवश्य थी, यह भिन्न तथ्य है। स्वामी जी बाल्यकाल से ही चरित्र की पवित्रता पर विशेष बल देते थे। उल्लेखनीय है कि आरम्भ में वह एक कट्‌टर स्वभाव के सच्चरित्र थे। उन्होंने स्वयं लिखा है कि बीस वर्ष की अवस्था तक वह हठी तथा कट्‌टर थे और किसी के प्रति सहानुभूति व्यक्त नहीं कर सकते थे। वह कोलकाता के थियेटरों के सामने फुटपाथ पर भी नहीं चलते थे। धीरे-धीरे उनकी कट्‌टरता दूर हो गयी। तैंतीस वर्ष की अवस्था

में वह उदार स्वामी विवेकानंद बन गये थे। उनमें वेश्याओं के प्रति घृणा नहीं रह गयी थी।

वेश्याओं के प्रति स्वामीजी की घृणा समाप्त होने के पीछे एक मार्मिक घटना रही थी। जिस समय वह भारत भ्रमण पर निकले और जयपुर पहुंचे तब तक खेतरी नरेश भी उनके साथ थे। जयपुर नरेश ने खेतरी नरेश के सम्मान में वेश्या का नृत्य-गान कराया। महाराज ने स्वामीजी के पास सन्देश भिजवाया कि वह भी गाना सुनने आयें, किंतु उन्होंने ''संन्यासी के लिए ऐसा करना अनुचित है।'' कहते हुए सभा में जाना अस्वीकार कर दिया। स्वामीजी के इस उत्तर से वेश्या को भारी दुःख हुआ। उसका हृदय चीत्कार कर उठा। कुछ देर बाद उसने सूरदास का 'प्रभु जी मेरे अवगुण चित न ध रो' पद गाना आरम्भ कर दिया। करुण स्वर में उसका यह गायन राजमहल में अन्यत्र बैठे हुए स्वामी जी के कानों में पड़ा, तो उनका हृदय करुणा से भर उठा। वह उसी समय वेश्या के पास गये और उससे क्षमा मांगी।

एक बार अमरीका में एक व्यक्ति ने स्वामी जी से पूछा था- "स्वामी जी! वेश्या तो अपवित्रता का भण्डार है उसके संसर्ग से समाज को बुराई के अतिरिक्त क्या मिल सकता है?" तो स्वामी जी का उत्तर था- "मार्ग में उन्हें देख नाक भौं न सिकोड़े। वस्तुतः वेश्याएं ढाल बनकर समाज की अनेक सतियों के सतीत्व की रक्षा कर रही हैं, अतः वे घृणा की नहीं; धन्यवाद की पात्र हैं।"

श्री रामकृष्ण परमहंस भी वेश्याओं से घृणा नहीं करते थे। अनेक वेश्याएं दक्षिणेश्वर दर्शन के लिए जाती थीं। हिन्दू से ईसाई बने रेवरण्ड मजूमदार इसकी आलोचना करते थे। इस विषय में स्वामी जी को किसी व्यक्ति का पत्र भी मिला था। स्वामी जी ने इस पर अपनी प्रतिक्रिया व्यक्त करते हुए लिखा था- "वेश्याएं यदि दक्षिणेश्वर तीर्थ नहीं जाएंगी तो कहां जाएंगी। ईश्वर की पुण्यात्माओं की अपेक्षा पापियों के लिए विशेष कृपा है। जो लोग भगवान के घर में जाकर भी 'वह वेश्या है' नीच जाति की है वह छोटा है इस प्रकार का विचार करते हैं ऐसे व्यक्तियों को (जिन्हें तुम सज्जन कहते हो) संख्या जितनी कम हो, उतना ही अच्छा है। जो भक्त की जाति, व्यवसाय या योनि देखते हैं वे हमारे श्रीरामकृष्ण को क्या समझेंगे। मेरी प्रभु से प्रार्थना है कि उन्हें नमन करने शत-शत वेश्याएं आएं, भद्र पुरुष आएं या न आएं। वेश्याएं आएं, चोर-डाकू आएं, शराबी आएं प्रभु का द्वार खुला है।"

## लन्दन से प्रस्थान

स्वामीजी पहले ही दिसम्बर में भारत लौटने का निर्णय ले चुके थे। ज्यो-ज्यों उनके भारत लौटने का समय पास आता जा रहा था, वह बालक की तरह अधीर होते जा रहे थे। उनके हृदय में मातृभूमि के प्रति कितना प्रेम था, इसका अनुमान एक दृष्टान्त से लगाया जा सकता है। उनके भारत लौटने से पूर्व किसी व्यक्ति ने पूछा "स्वामी जी चार वर्ष तक भोगों की भूमि महान शक्ति सम्पन्न पाश्चात्य जगत में रहने के बाद अब आपको भारत कैसा लगेगा?"

"पश्चिमी देशों में आने से पूर्व मुझे भारत से प्रेम था। आज भारत की धूल भी मेरे लिए पवित्र है, भारत की वायु मेरे लिए पवित्रता की मूर्ति है और भारत मेरे लिए तीर्थ है।"

16 दिसम्बर 1896 को स्वामी जी सेवियर दम्पति तथा अन्य शिष्यों के साथ इंग्लैण्ड से भारत के लिए चल पड़े। पहले वह फ्रांस होते हुए फ्लोरेंस (इटली) पहुंचे। वहां उन्होंने अनेक दर्शनीय स्थानों की यात्रा की। यहीं उन्हें शिकागो (अमरीका) के केहेल दम्पति भी मिल गये, जो उनके पूर्व परिचित थे (शिकागो में सर्वप्रथम स्वामी जी उन्हीं के घर रुके थे, इसका पहले ही उल्लेख किया जा चुका है)। अप्रत्याशित रूप में स्वामी जी के दर्शन कर हेल दम्पति की प्रसन्नता की सीमा न रही।

फ्लोरेन्स के बाद स्वामी जी रोमन संस्कृति के केंन्द्र रह चुके रोम नगर पहुंचे। यहां वह कुमारी एडवर्डस और कुमारी एलबर्टा स्टार्गिस के घर रुके। इन दोनों का पता स्वामी जी की अमरीकन शिष्या कुमारी मैक्लिऔड ने दिया था। कुमारी एलबर्टा स्टार्गिस कुमारी मैक्लिऔड की भतीजी थी। ये दोनों भी स्वामी जी की शिष्याएं बन गयी।

स्वामी जी प्राय: एक सप्ताह तक रोम में रहे। इस बीच उन्होंने रोम के अनेक इतिहास प्रसिद्ध स्थानों के दर्शन किये। रोम के बाद वह नेपल्स पहुंचे। यहां भारत के लिए जलयान समय पर नहीं आ सका, अत: कुछ दिन यही रुकना पड़ा और 30 दिसम्बर 1896 को वह भारत को चल पड़े।

# भारत में

स्वामी जी नेपल्स से भारत लौटने के लिए जहाज में चढ़े तो उन्होंने अमरीका में उनके आशुलिपिक रह चुके शिष्य श्री गुडविन मिल गये। वह स्वामी जी के साथ भारत चलने के लिए सौथम्प्टन से ही आ रहे थे। स्वामी जी निश्चित कर चुके थे कि अब वह भारत में रह कर ही अपने कार्य को आगे बढ़ाएंगे।

यात्रा आरम्भ हुई। स्वामी जी के मन में पाश्चात्य सभ्यता के गुणदोषों के विचार पर मन्थन चल रहा था, इसका वर्णन करते हुए श्री सत्येन्द्रनाथ मजूमदार ने लिखा-

"विवेकानंद जहाज में बैठे हुए हिसाब लगाने लगे, क्या दिया और क्या प्राप्त किया। प्राच्य और पाश्चात्य की श्रेष्ठ विचारधारा और आध्यात्मिक भावों के आदान-प्रदान से परस्पर दोनों का समन्वय और वैज्ञानिक आविष्कारों को देख स्वामी जी जिस प्रकार मुग्ध हुए थे, उसी प्रकार राजनीति के नाम पर रिश्वत लेना, 'वोट' की सहायता से सत्ता प्राप्त करना, बनियों का धन लोभ तथा साम्राज्यवाद की आकांक्षा आदि को देखकर वह क्षुब्ध भी हुए थे। विशेष रूप से भारत विजयी इंग्लैण्ड को उन्होंने उसके वास्तविक रूप में देखा-''संसार सागर की सर्वविजयी वैश्य शक्ति के अभ्युत्थान रूपी महातरंग के शिखर पर शुभ्र फेन राशि के बीच इंग्लैण्ड का सिंहासन स्थित है... ईसामसीह, बाइबिल, राजप्रासाद, सैन्य शक्ति का भूकम्पकारी पदविक्षेप, तूर्यभेरी का निनाद, राजसिंहासन का विशाल आडम्बर, इन सबके पीछे वास्तविक इंग्लैण्ड बसा हुआ है; जिस इंग्लैण्ड की ध्वजा है, कारखानों की चिमनियां, सेना है पण्यवाही जहाज, युद्धक्षेत्र है जगत् का व्यापार और साम्राज्ञी है स्वयं सुवर्णांगिनी लक्ष्मी'' सुदूर सम्प्रसारित दूरदृष्टि के स्वामीजी ने देखा था, वणिक् या वैश्यों द्वारा शासित इस यूरोप की छाती पर शूद्रों के विद्रोह का पूर्वाभास।" समष्टि के जीवन में व्यष्टि का जीवन है; समष्टि के

सुख में व्यष्टि का सुख है। समष्टि को छोड़ व्यष्टि का अस्तित्व ही असम्भव है, यह अनन्त सत्य है जगत की मूल नींव है।

"प्रकृति की आंखों में धूल झोंकने की शक्ति किसमें है? समाज की आंखों में अधिक दिन तक धूल नहीं झोंकी जा सकती।... सब कुछ सहने वाली धरती के समान ही समाज बहुत कुछ सह लेता है, किंतु एक न एक दिन वह जाग उठता है और उस जागरण की प्रचण्डता से युग युगान्तरों की संचित मलिनता और स्वार्थपरता धुल जाती है...।"

## श्रीलंका में

30 दिसम्बर के नेपल्स से प्रस्थान करने के बाद 15 जनवरी 1897 के स्वामी जी को श्रीलंका की शस्यश्यामला भूमि के दर्शन हुए। स्वामीजी आनन्द से नाच उठे। जहाज शनैः-शनैः कोलम्बो बन्दरगाह पर पहुंचा उनके आगमन का समाचार पहले से ही भारत पहुंच चुका था। भारत ही नहीं, श्रीलंका में भी उनके स्वागत के लिए समितियां गठित की जा चुकी थीं। स्वामी जी पहले कोलम्बो में उतरेंगे, यह जानकर भारत से कुछ लोग पहले ही वहां पहुंच चुके थे। कोलम्बो के भारतीय समाज में एक अपूर्व उत्साह था। वह भारत से पहले ही उनके दर्शन और स्वागत का श्रेय प्राप्त करने के लिए लालायित था।

जहाज के तट पर लगते ही स्वामी जी बाहर आने को उद्यत हुए। काषाय वस्त्रधारी इस भारत गौरव को देखते ही हिन्दू समाज उनका जयजयकार करने लगा। अपराह्न का समय था, सन्ध्या होने में कुछ देर थी। भगवान भुवन भास्कर की स्वर्णिम किरणें गैरिक वस्त्रधारी स्वामी जी के भव्य व्यक्तित्व को एक अलौकिक भव्यता प्रदान कर रही थीं। कोलम्बो के हिन्दू समाज के सम्मानित सदस्य कुमार स्वामी उनकी अभ्यर्थना करने के लिए आगे बढ़े। उन्होंने स्वामी जी को पुष्पमालाएं पहनायीं।

जहाज से उतरने के बाद स्वामी विवेकानन्द को दो घोड़ों वाले रथ पर बैठाकर नगर में ले जाया गया। उनके सम्मान में मार्ग को फूलों, पल्लवों आदि से सुशोभित किया गया था। स्थान-स्थान पर तोरण द्वार बनाये गये थे। स्वामी जी रथ के साथ विशाल जनसमुदाय की शोभा यात्रा चल रही थी। मार्गों से गुजरता हुआ उनका रथ धीरे-धीरे 'दारुचीनी' उद्यान में पहुंचाए। वहां एक भव्य मण्डल का निर्माण किया गया था। उसके समीप पहुंचने पर

वह रथ से उतर पड़े। उनके भूमि पर उतरने हो भक्ति भावना से ओतप्रोत जनसमूह उनके चरण स्पर्श के लिए प्रतिस्पर्द्धा करने लगा।

वहां कुमारस्वामी द्वारा हिन्दू समाज की ओर से स्वामी जी को अभिनन्दन पत्र भेंट किया गया। स्वामी जी अपने लोगों के इस प्रेम को देखकर गद्‌गद हो उठे। उन्होंने एक संक्षिप्त सा भाषण दिया। इस भाषण में उन्होंने कहा-

"मैं कोई राजा, धन कुबेर अथवा प्रसिद्ध राजनीतिज्ञ नहीं हूं, अपितु एक निर्धन, भिक्षा पर निर्वाह करने वाला संन्यासी हूं। आपने मेरा जो सम्मान किया है। मैं आपकी भावनाओं को समझ रहा हूं कि हिन्दू जाति ने अभी अपनी आध्यात्मिक सम्पत्ति को नहीं खोया है। अन्यथा वह एक संन्यासी के प्रति इस प्रकार की भक्ति भावना का प्रदर्शन क्यों करती। अत: हे हिन्दुओं! अपनी सांस्कृतिक विरासत के इस गौरव को न भूलो। अनेक प्रकार की प्रतिकूल परिस्थितियों में भी धर्म के आदर्शों का दृढ़ता से पालन करो।"

दारुचीनी उद्यान से स्वामी जी एक विश्रामगृह पहुंचे। अनेक लोग, जो उद्यान में उनके दर्शन नहीं कर पाये थे, यहां पहुंच गये और विश्राम गृह के बाहर खड़े हो गये। इस विषय में ज्ञात होने पर स्वामी जी बरामदे में आ गये। जनसमूह का अन्दर आ पाना सम्भव नहीं था। स्वामी जी की इस उदारता को देखकर लोग बड़े प्रसन्न हुए। स्वामी जी ने मुस्कराते हुए सबको नमस्कार किया। जनता श्रद्धा से अभिभूत होकर उनके चरणों की धूल लेने लगी। स्वामी जी सभी को 'नारायण' शब्द के साथ आशीर्वाद दे रहे थे। उस रात्रि उन्होंने वही विश्राम किया। दूसरे दिन 16 जनवरी को उन्होंने कोलम्बो के फ्लोरल हाल में 'पुण्यभूमि भारत' विषय पर एक प्रभावशाली भाषण दिया। यूरोप से लौटने के बाद यह उनका प्रथम भाषण था।

17 जनवरी को स्वामी जी धर्म के विषय में चर्चा करते रहे। दोपहर बाद वह एक शिव मन्दिर में गये। मार्ग में अनेक व्यक्ति उनके दर्शनों के लिए खड़े थे। उनके हाथों में फूल, फल आदि थे, जिन्हें वे स्वामी जी को भेंट करने के लिए लाये थे। स्वामी जी ने उनसे इन वस्तुओं को ग्रहण किया। वह जिस मार्ग से आगे बढ़ रहे थे, उसके दोनों ओर के भवनों से महिलाएं उन पर पुष्प-अक्षत, सुगन्धित द्रव्य आदि विकीर्ण करने लगीं। मन्दिर के मुख्य द्वार पर पहुंचने पर उनका 'जय महादेव' की ध्वनि के साथ सम्मान किया गया।

स्वामी जी ने मन्दिर में दर्शन किये और उसकी प्रदक्षिणा की। इसके बाद उन्होंने कुछ देर तक वहां के पुजारियों के साथ बातें की और फिर वह अपने आवास पर लौट आये। वहां धर्मशास्त्रों के ज्ञाता कुछ विद्वान उनकी प्रतीक्षा कर रहे थे। रात्रि में ढाई बजे तक स्वामी जी धर्म के विभिन्न पहलुओं पर उनके साथ चर्चा करते रहे। सभी विद्वान स्वामी जी के अगाध ज्ञान के सामने नतमस्तक हो गये।

18 जनवरी 1897 की प्रातः स्वामी जी ने कोलम्बो के पब्लिक हॉल में वेदान्त पर भाषण दिया। इस भाषण के समय कुछ ऐसे भारतीय भी सभा में उपस्थित थे, जो रूप रंग से तो भारतीय थे, किंतु बात व्यवहार से अंग्रेजों के प्रतिनिधि मालूम पड़ते थे। उनके व्यवहार को देख ऐसा लगता था, मानो वे यह दिखाने का प्रयत्न कर रहे हों कि वे भारतीय न होकर अंग्रेज हैं। यह देख स्वामी जी को बड़ा दुःख हुआ। उन्होंने अपने भाषण में भी इस बात का उल्लेख किया कि मूर्खों की तरह दूसरों की नकल करने से कोई लाभ नहीं होता। व्यक्ति को अपनी संस्कृति पर ही गर्व का अनुभव करना चाहिए।

स्वामी जी कोलम्बो से जहाज द्वारा भारत लौट जाना चाहते थे। किंतु लंका में अनेक स्थानों से उनके पास पत्र आ रहे थे, जिनमें उनसे दर्शन देने का आग्रह किया गया था। अतः 19 जनवरी को वह एक विशेष रेलगाड़ी से काण्डी की ओर चल पड़े। काण्डी में हिन्दू समाज ने उनका अभिनन्दन किया। अभिनन्दन पत्र ग्रहण करने के बाद वह वहां से जाफना की ओर चल पड़े। अनुराधापुरम् पहुंचने पर स्वामी जी का भव्य स्वागत किया गया। अनुराधापुरम् श्रीलंका की बौद्ध संस्कृति का केन्द्र है। यही बोधिवृक्ष भी है जो बुद्ध गया के बोधिवृक्ष की शाखा से तैयार किया गया है। यहां के निवासियों ने बोधिवृक्ष के नीचे एक सभा का आयोजन किया था। स्वामी जी ने यहां 'उपासना' पर एक भाषण दिया।

स्वामी जी के शिकागो सम्मेलन के भाषण की कीर्ति श्रीलंका के गांव-गांव तक पहुंच चुकी थी। अतः जब वह अनुराधापुरम् से जाफना की ओर चले तो मार्ग के गावों में स्थान-स्थान पर अनेक हिन्दू और बौद्ध उनके दर्शनों के लिए खड़े थे। उल्लेखनीय है कि अनुराधापुरम् से जाफना की प्रायः दो सौ कि.मी. की यात्रा स्वामी जी ने बैलगाड़ी से तय की थी।

जाफना में प्रवेश करने पर अपार जनसमूह स्वामी जी के दर्शनों के लिए खड़ा था। उनके सम्मान में मार्ग को नयी नवेली दुल्हन के समान सजाया

गया था। वहां उन्हें पहले हिन्दू कॉलेज में ले जाया गया। वहां स्वामी जी के लिए एक भव्य मण्डल बनाया गया था। स्वामी जी के साथ पहले से ही प्रायः पन्द्रह हजार व्यक्ति शोभा यात्रा के रूप में चल रहे थे। सभी हिन्दू कॉलेज के प्रांगण में एकत्र हो गये। यहां भी अनेक लोग उनके दर्शनों और भाषण की प्रतीक्षा कर रहे थे। यहां स्वामी जी को अभिनन्दन पत्र भेंट किया गया। उस दिन स्वामी जी ने एक संक्षिप्त सा भाषण दिया। कदाचित् वह यात्रा से थक चुके थे। दूसरे दिन इसी स्थान पर उन्होंने वेदांत पर विस्तार से भाषण दिया।

जाफना के बाद स्वामी विवेकानंद एक स्टीमर से भारत की ओर चल पड़े। इस यात्रा में उनके कुछ शिष्य और गुरुभाई स्वामी निरंजनानंद भी साथ थे। प्रायः चार वर्ष बाद मातृभूमि के दर्शनों की कल्पना से स्वामी जी की प्रसन्नता की कोई सीमा नहीं थी। वह बार-बार भारतभूमि के विषय में बातें करने लगते थे। इस समय उनका व्यवहार इस शिशु के समान मालूम पड़ता था तो अपनी इच्छित वस्तु प्राप्त होने की प्रसन्नता को किसी प्रकार नहीं छिपा सकता।

## मातृभूमि दर्शन

स्वामी जी के आगमन का समाचार प्राप्त होने पर भारतवासी अपूर्व उत्सुकता से उनके दर्शनों की प्रतीक्षा कर रहे थे। उनकी अभ्यर्थना के लिए रामनद के राजा भास्कर वर्मा अपने दल-बल के साथ पाम्बन में समुद्र तट पर उपस्थित थे। विदेशों में भारत की गरिमामयी संस्कृति का प्रचार करने वाले इस प्रथम और अलौकिक व्यक्तित्व के स्टीमर से उतरने पर हर्ष और प्रसन्नता से भाव-विभोर होकर भारतवासी उनकी जय-जयकार करने लगे। स्वयं रामनद नरेश ने भूमि पर लेट कर स्वामी जी को साष्टांग दण्डवत प्रणाम किया। इसके साथ ही वहां उपस्थित जनसमूह ने भी इसी प्रकार पृथ्वी पर अपने सिर झुका दिये।

उस समय सन्ध्या की लालिमा दिगदिगन्त में अपना अपूर्व आलोक विकीर्ण कर रही थी। मानो भारत माता के इस अद्वितीय सपूत के तेज के समक्ष भगवान सूर्य का तेज भी फीका पड़ गया हो। स्वामी जी ने रामनद नरेश को भूमि से उठाया और वहां उपस्थित जनसमुदाय को आशीर्वाद दिया।

स्वामी जी के सम्मान में पास ही एक मण्डल बनाया गया था। स्वामीजी

को वहां ले जाया गया। वहां उन्हें रामनद की जनता की ओर से अभिनन्दन पत्र भेंट किया गया। रामनद नरेश भास्कर वर्मा तथा एम. के. नायकर ने उनके सम्मान में भाषण दिये। इस अवसर पर स्वामी जी ने भी एक छोटा-सा भाषण दिया, जिसके अन्त में उन्होंने कहा- "रामनद नरेश ने जिस स्नेह का परिचय दिया है, उसके लिए मैं अपनी कृतज्ञता शब्दों में अभिव्यक्त नहीं कर सकता। यदि मैंने थोड़ा-सा भी सत्कार्य किया हैं तो इसके लिए समस्त भारत इस महान आत्मा का ऋणी है, क्योंकि सर्वप्रथम मुझे शिकागो भेजने का विचार इन्हीं के मस्तिष्क में आया था। इन्होंने ही मुझे बार-बार वहां जाने के लिए प्रेरित किया था। इस समय वह मेरे साथ उपस्थित होकर स्वाभाविक रूप में मुझसे और अधिक कार्य करने की अपेक्षा कर रहे हैं। यदि इन्हीं की तरह कुछ अन्य नरेश भी मातृभूमि के कल्याणार्थ आगे आएं तो निश्चय ही राष्ट्र की उन्नति होगी।"

इस सभा के समाप्त होने पर स्वामी जी को यहां से उनके निवास स्थान पर ले जाया गया। वस्तुत: 'विद्वान सर्वत्र पूज्यते' की उक्ति को चरितार्थ करते हुए रामनद नरेश ने उनके प्रति जिस भक्ति भावना का परिचय दिया वह अपने आप में एक अविस्मरणीय घटना है। स्वामी जी को यहां से ले जाने के लिए घोड़ागाड़ी लायी गयी थी, किंतु नरेश के आदेश पर उसके घोड़े खोल दिये गये और जनता के साथ स्वयं नरेश भी उसे खीचने लगें। इसी प्रकार स्वामी जी को उनके लिए निर्धारित आवासगृह में ले जाया गया।

दूसरे दिन स्वामी जी रामेश्वरम् मन्दिर के दर्शन करने गये। प्राय: पांच वर्ष पूर्व उन्होंने इसी मन्दिर में अपने संन्यास व्रत का उद्यापन किया था। तब और अब में एक भारी अन्तर था। उस समय उन्हें व्यक्तिगत मित्रों या भक्तों के अतिरिक्त कोई नहीं जानता था। किंतु आज वह विश्वविख्यात स्वामी विवेकानंद थे। जब स्वामी जी राजा की गाड़ी में मन्दिर के समीप पहुंचे, तो मन्दिर की ओर से पारम्परिक रूप में उनका भव्य स्वागत किया गया। उनके सम्मान में मन्दिर के हाथी, ऊंट, घोड़े तथा संगीत मण्डली के साथ विशाल समुदाय ने उनकी अभ्यर्थना की।

इस अवसर पर पूरा मन्दिर विशेष रूप से सजाया गया था। मन्दिर के दर्शन करने के बाद स्वामी जी को वहां की बहुमूल्य सम्पदा के दर्शन भी कराये गये। मन्दिर की ओर से स्वामी जी से भाषण देने का अनुरोध किया गया। स्वामी जी तमिल नहीं जानते थे, अत: उन्होंने अपना भाषण अंग्रेजी में

दिया और श्री नागलिंगम ने उसका तमिल में अनुवाद किया। स्वामी जी के भाषण का संक्षेप में आशय यह था कि केवल स्तोत्र का विधिपूर्वक पाठ करना ही पूजा नहीं है अपितु प्राणिमात्र को शिव समझ कर उसकी सेवा करना ही सच्ची पूजा है।

उस दिन स्वामी जी के आगमन की प्रसन्नता में हजारों भिखारियों को भोजन कराया गया तथा उन्हें वस्त्र आदि दान में दिये गये।

उल्लेखनीय है कि पश्चिमी जगत की यात्रा से लौटने के बाद स्वामी जी ने भारत भूमि पर जहां सर्वप्रथम अपने चरण रखे थे, रामनद नरेश ने उनकी स्मृति में वहां पर एक स्मृति स्तम्भ का निर्माण कराया। यह स्तम्भ आज भी स्वामी जी की कीर्ति चन्द्रिका का उद्घोष करता है।

रामेश्वर से स्वामी जी रामनद गये। राजा के आदेश पर वहां उनके स्वागत की विशेष व्यवस्था की गयी थी। जैसे ही वह नौका से तट उतरे उनके सम्मान में तोपध्वनि की गयी। राजमार्ग विशेष रूप से सुशोभित किया गया था। एक शोभा यात्रा के साथ राजा की गाड़ी में स्वामी जी आगे-आगे बढ़ चले। उनके पीछे-पीछे पैदल रामनद नरेश राजपरिवार के अन्य व्यक्ति उच्चाधिकारी और विशाल जनसमुदाय चल रहा था। उनके सम्मान में राजकीय बैण्ड बजाया जा रहा था।

यहां स्वामी जी के अभिनन्दन के लिए एक विशेष मण्डल बनाया गया था जो उनके वहां पहुंचने से पहले ही दर्शनार्थियों से भर गया था। उनके वहां पहुंचने पर उपस्थित जन उनका जय-जयकार करने लगे। स्वामी जी ने सभी को आशीर्वाद दिया। रामनद नरेश की ओर से उनके भाई दिनकर वर्मा द्वारा स्वामी जी को अभिनन्दन पत्र भेंट किया गया। स्वामी जी ने इसके उत्तर में एक सारगर्भित भाषण दिया।

## मद्रास में स्वागत

रामनद के बाद स्वामीजी परमकुड़ी, मदुरा, त्रिचनापल्ली तंजौर आदि स्थानों पर गये। इन सभी स्थानों पर उनका भव्य स्वागत किया गया। वहां तीन दिन रहने के पश्चात् वह मद्रास गये। उनके आने का समाचार मिलने पर वहां उनके स्वागत की विशाल तैयारी की गयी थी। वहां न्यायमूर्ति सुब्रह्मण्यम अय्यर की अध्यक्षता में एक स्वागत समिति गठित की गयी थी। स्वामी जी के आगमन पर वहां प्रत्येक भंवन रंग-बिरंगी पताकाओं से सजाया

गया था और राजमार्ग में स्थान-स्थान पर स्वागत द्वार बनाये गये थे। 6 फरवरी 1897 को स्वागत समिति के कार्यकर्ताओं के साथ भारी संख्या में जनता स्वामी जी की अभ्यर्थना हेतु प्रात: छ: बजे ही रेलवे स्टेशन पर पहुंच गयी थी। गाड़ी के प्लेटफार्म पर आते ही स्वामी जी के जयघोष से आकाश गूंज उठा। उनके गाड़ी से उतरते ही उन्हें पुष्पमालाएं पहनायी गयीं। यहां से स्वामी जी एक घोड़ागाड़ी में बैठकर आगे बढ़ चले। न्यायमूर्ति सुब्रह्मण्य अय्यर, स्वामी शिवानंद और स्वामी निरंजनानंद भी उनके साथ गाड़ी में बैठे। वह कुछ ही आगे बढ़े थे कि युवकों ने गाड़ी के घोड़े खोल दिये और स्वयं उसे खींचने लगे। मार्ग में स्वामी जी पर फूलों एवं अक्षतों की वर्षा होती रही। अनेक लोग उन्हें अपनी आस्था के प्रतीक नारियल फल आदि भेंट करने लगे। अनेक महिलाओं ने उनकी नीराजन (आरती) उतारी तथा सुगन्धित द्रव्यों का अर्ध्य दिया। एक सम्भ्रान्त परिवार की वृद्धा, जो चलने में भी अशक्तप्राय थी, किसी प्रकार भीड़ को हटाती स्वामी जी के दर्शनों के लिए आयी। उसकी आंखों से आनन्द के आंसू बह रहे थे। वह स्वामी जी को भगवान शिव का अवतार मानती थी। इस दृश्य को देखकर सभी को बड़ा आश्चर्य हुआ। यहां से वह अटर्नी बिलीग्रामी अयंगर के आवास कैसल कर्नान पहुंचे।

7 फरवरी 1897 को स्वागत समिति द्वारा स्वामी जी का अभिनन्दन पत्र भेंट किया गया। खेतरी नरेश ने भी स्वामी जी के लिए एक अभिनन्दन पत्र भेजा था। इसके बाद विभिन्न संगठनों, सम्प्रदायों आदि की ओर से संस्कृत, तमिल, तेलगु इत्यादि भाषाओं में अभिनन्दन पत्र दिये गये। स्वामी जी का यह अभिनन्दन एक विशाल कक्ष (हॉल) में किया जा रहा था। वहां प्राय: दस हजार व्यक्ति उपस्थित थे और अनेक लोग बाहर ही रह गये थे। उनके अनुरोध पर स्वामी जी ने बाहर आकर दर्शन दिये। उस समय वह एक गाड़ी के कोच बक्स पर खड़े थे। स्वामी जी के दर्शनों से जनता उन्मत्त जैसी हो गयी थी। स्वामी जी उसके समक्ष एक संक्षिप्त भाषण देना चाहते थे, किंतु जनता उनका जयघोष करती जा रही थी, जिससे उनकी आवाज नहीं सुनाई दे रही थी। अत: वह चुप हो गये।

8 फरवरी को स्वामी जी ने विक्टोरिया हाल में पहले 'मेरी समर नीति' पर भाषण दिया। इसके बाद वह 'भारतीय जीवन में वेदांत का प्रयोग', 'भारतीय महापुरुष' तथा 'हमारा वर्तमान कर्त्तव्य' विषयों पर बोले। इस अवसर पर पांच हजार व्यक्ति उपस्थित थे।

स्वामी जी नौ दिन तक मद्रास में रहे। इसी अवधि में एक दिन वेदान्त के एक विद्वान उनके पास आये। वह उनसे वेदान्त पर चर्चा करना चाहते थे। वेदांत पर चर्चा आरम्भ हुई तो वह स्वामी जी से बोले, ''स्वामी जी! वेदान्त में अद्वैतवाद, विशिष्टद्वैतवाद, द्वैतवाद आदि सभी वाद सत्य हैं, किंतु ये सभी परम सत्य तक पहुंचने के सोपान हैं ऐसा किसी ने नहीं कहा है जबकि वेदांत के इतने आचार्य हो चुके हैं।"

मुस्कराते हुए स्वामीजी बोले, "यह कार्य मेरे लिए छोड़ दिया गया था, मेरा जन्म ही इसी के लिए हुआ है।"

स्वामी जी के शिष्य चाहते थे कि वह अपने कार्यों के प्रचार के लिए एक केन्द्र स्थापित करें और इसके लिए कुछ दिन मद्रास ही रहें। मद्रास में प्रचार केन्द्र की स्थापना हेतु स्वामी जी सहमत हो गये, किंतु उनका वहां अधिक ठहरना सम्भव नहीं था। कोलकाता में श्रीरामकृष्ण परमहंस का जन्मोत्सव मनाया जाने वाला था वहां से उनके पास बार-बार पत्र आ रहे थे। अतः उन्होंने अपने मद्रास के शिष्यों का आश्वासन दिया कि वह शीघ्र ही अपने किसी प्रतिनिधि को मद्रास भेज देंगे। मद्रास से जाने के बाद उन्होंने अपने एक गुरु भाई रामकृष्णानन्द को वहां भेज दिया था।

स्वामी जी कितने दिन भी मद्रास रहे, वहां प्रसन्नता का वातावरण बना रहा। उनके आगमन पर मद्रास की जनता ने जिस प्रेम का परिचय दिया, इस विषय में 'हिन्दू' ने लिखा था-

"आज रेलवे स्टेशन पर स्वामी विवेकानंद के स्वागत के लिए उपस्थित विशाल जनसमुदाय के उत्साह और धर्म प्रेम का आंकलन नहीं किया जा सकता। मद्रास के गणमान्य व्यक्तियों ने उपस्थिति होकर विश्वविख्यात संन्यासी को जो प्रशंसनीय स्वागत किया, इससे इस महान देश की धार्मिक शक्ति का स्पष्ट परिचय मिलता है। भारतवर्ष में धार्मिक संस्कारों को प्राचीनकाल से इसी प्रकार का सम्मान मिलता आया है। कट्टरता ही हिन्दुओं के चरित्र की विशेषता नहीं है। साथ ही ऐसा भी नहीं कि वर्तमान में व्याप्त आचार-व्यवहार में परिवर्तन की आवश्यकता नहीं है। यदि किसी प्राचीन रूढ़ि को दूर कर किसी नये नियम की स्थापना करनी है, तो स्वामी जी जैसे अधिकारी व्यक्ति ही ऐसा कर सकते हैं। जब कोई शान्त हृदय, पवित्र आत्मा तथा सच्चे संस्कारों वाला व्यक्ति निष्काम होकर मानव कल्याण के लिए आगे बढ़ता है तो, लम्बे समय से चले आ रहे विश्वास और आदर्शों

का आवश्यकतानुसार परित्याग कर दिया जाता है और रूढ़ियां, राजनीति एवं विभिन्न मत लुप्त हो जाते हैं। स्वामी जी के प्रचार कार्य की सफलता का यही रहस्य है। उन्होंने समुद्र पार कर विदेशों में वेदांत की पताका लहरायी। इसीलिए हम अपनी गौरवमयी परम्परा के अनुसार उनका अभिनन्दन कर रहे है...।"

## कलकत्ता में अभिनन्दन

स्वामी जी के भारत लौट आने के समाचार से पूरे देश में एक अपूर्व उत्साह था और बंगाल में स्वाभाविक रूप से प्रसन्नता और उत्साह का सागर हिलोरें ले रहा था। वहां उनके स्वागतार्थ एक स्वागत समिति अपने कार्य करने लगी थी। कलकत्तावासी अपने इस विश्वविजयी संन्यासी के दर्शनों के लिए आतुर थे। इसके लिए वे स्वामी जी को अनेक अनुरोध पत्र भेज चुके थे।

15 फरवरी 1897 को स्वामी जी मद्रास से कोलकाता की ओर चल पड़े। उल्लेखनीय है कि उन्हें पूना से लोकमान्य बाल गंगाधर तिलक का निमन्त्रण पत्र भी प्राप्त हुआ था। पहले स्वामी जी वहां जाना चाहते थे, किंतु कोलम्बो से मद्रास तक विभिन्न स्थानों पर व्याख्यान देने के कारण वह बहुत थक चुके थे। अत: वहां नहीं जा सके और जलयान से सीधे कोलकाता के लिए प्रस्थान किया।

जहाज के खिदिरपुर पहुंचने पर स्वामी जी ने देखा कि उन्हें वहां से स्यालदह ले जाने के लिए विशेष रेलगाड़ी की व्यवस्था की गयी थी। उसमें बैठकर वह अपने शिष्यों सहित प्रात: साढ़े सात बजे स्यालदह पहुंचे। वहां उनके स्वागत हेतु विशाल जनसमूह उपस्थित था। रेलगाड़ी के प्लेटफार्म पर पहुंचते ही 'जय श्रीरामकृष्ण की जय' और 'जय श्री स्वामी विवेकानंद की जय' नारों से आकाश गूंज उठा। गाड़ी से उतरने पर स्वामी जी ने उपस्थित जनता का हाथ जोड़कर अभिवादन किया। जनता ने उन्हें चारों ओर से घेर लिया, अत: स्वागत समिति के सदस्यों को उनके पास पहुंचने के लिए बड़ा संघर्ष करना पड़ा। स्वामी जी को पुष्पमालाएं पहनाकर घोड़ा गाड़ी में बैठाया गया। उल्लेखनीय है कि सेवियर दम्पति भी उनके साथ इस चार पहियों वाली गाड़ी में बैठे। यहां भी युवकों ने गाड़ी से घोड़े खोल दिये और स्वयं उसे खींचने लगे। मार्ग को फूलों तथा पत्तों की मालाओं से सजाया गया था और तीन जगह द्वार बनाये गये थे।

घोड़ा गाड़ी को स्वयं खींचते हुए युवक स्वामी जी को रिपन कॉलेज ले गये। वहां कुछ देर तक उन्होंने अपने शिष्यों से वार्तालाप किया और फिर विश्राम करने लगे। उस दिन इसके बाद उन्हें राय पशुपतिनाथ के यहां भोजन पर आमन्त्रित किया गया था। स्वामी जी शिष्यों सहित दोपहर ढलने तक वहीं रहे। दोपहर बाद वह काशीपुर के गोपाललाल शील के आमंत्रण पर उनके उद्यान वाले भवन में गये। शील महाशय ने यह भवन अस्थायी रूप में स्वामी जी और उनके शिष्यों को दे दिया। अत: वह दिन में वहीं रहने लगे।

यहां प्रात: से सायंकाल तक स्वामी जी के दर्शनार्थियों का तांता लगा रहता था। इससे उन्हें विश्राम का समय भी नहीं मिल पाता था, फिर भी स्वामी जी खिन्न नहीं होते थे। वह सभी से स्नेहपूर्वक बातें करते। रात्रि में वह आलम बाजार के मठ में चले जाते तथा अपने शिष्यों-गुरु भाइयों के साथ भावी कार्यक्रमों पर विचार करते। उन्हें भारत के विभिन्न भागों से बराबर निमन्त्रण प्राप्त हो रहे थे, किंतु वह कोलकाता को ही अपने प्रचार का मुख्य केंद्र बनाना चाहते थे।

28 फरवरी 1897 को शोभा बाजार स्थित राजा राधाकान्त देव के भवन में कोलकाता वासियों की ओर से स्वामी जी का अभिनन्दन किया गया। इस अवसर पर कई विद्वान उच्च शिक्षितजन, कॉलेजों के विद्यार्थी तथा भारतीय और अंग्रेज अधिकारी भी उपस्थित थे। कुल मिलाकर इस सभा में प्राय: पांच हजार व्यक्ति थे। स्वामी जी के सभा भवन में प्रवेश करने पर उपस्थित जनसमूह ने उनका खड़े होकर सम्मान किया और 'स्वामी विवेकानंद की जय' के नारे लगाये। सभा के अध्यक्ष विनयकृष्ण देव बहादुर ने खड़े होकर अभिनन्दन पत्र पढ़ा। इसके बाद उसे (अभिनन्दन पत्र को) चांदी के पात्र में रखकर स्वामी जी को भेंट किया गया। तत्पश्चात् स्वामी जी ने राष्ट्रीय भावना परक भाषण दिया। उनके इस प्रभावशाली भाषण के महत्त्वपूर्ण अंश यहां उद्धृत किये जा रहे हैं-

"मनुष्य अपनी मुक्ति के प्रयास में इस संसार से सर्वथा सम्बन्धविच्छेद करना चाहता है। वह स्वजनों-पत्नी, पुत्र, परिवार, मित्रों, सम्बन्धियों की माया के बन्धन को तोड़कर संसार से दूर बहुत दूर चला जाना चाहता है। उसका प्रयत्न रहता है कि वह शरीर के सभी सम्बन्धों और संस्कारों का त्याग कर दे, यहां तक कि वह मनुष्य साढ़े तीन हाथ के शरीर वाला मनुष्य है, इसे

भी भूल जाना चाहता है किंतु उसके कानों में सदा एक ही स्वर गुंजित होता रहता है कि "जननी जन्मभूमिश्च स्वर्गादपि गरीयसी"... जननी मैं मुक्ति नहीं चाहता तुम्हारी सेवा ही मेरे जीवन का एकमात्र कार्य है... मैं तुम्हें इन निर्धन, अज्ञानी, अत्याचार, पीड़ितों के लिए सहानुभूति- यह प्राणापर्ण प्रयत्न उत्तराधिकार के रूप में दे रहा हूं। इसी क्षण उस पार्थसारथी के मन्दिर में जाओ, जो गोकुल में दीन-दुखी ग्वालों के सखा थे, जिन्होंने बुद्ध अवतार लेकर राजाओं के निमन्त्रणों को अस्वीकार कर एक वेश्या का निमन्त्रण स्वीकार कर उसका उद्धार किया। उसके पास जाकर उसे साष्टांग प्रणाम करो और उसके समक्ष एक महान त्याग करो, जीवन का त्याग, वह भी उनके लिए जिनके लिए वह युग-युग में अवतार लेते हैं, जिनसे वह सर्वाधिक स्नेह करते हैं। उन दीन-दुःखियों, पतितों, उत्पीड़ितों के लिए। इन तीस करोड़ भारतीयों के उद्धार का व्रत धारण करो, जो पूरे दिन भर दुःखों में निमग्न रहते हैं।

"वीर बनो, श्रद्धालु बनो, चारित्रिक तेज एवं वीर्य को जागृत कर गहनीय उत्साह के साथ कार्य में प्रवृत्त हो जाओ। इस कोलकाता नगरी के राजमार्ग पर एक सामान्य बालक की भांति मैं भी खेलता हुआ घूमता था। चाहता हूं कि आज इसी धूलि पर बैठकर आप लोगों से मन की बातें कहूं... "हे बंगाली युवकों! मेरे इस कार्यभार को ग्रहण करो। इस कार्य को मेरी कल्पना से कहीं अधिक उन्नति और विस्तार कर दो। मैंने सूचना देकर केवल दिशानिर्देश दिया है, तुम इसकी पूर्ति करो। वर्तमान के उत्तरदायित्व और कर्त्तव्य को समझो। अन्य किसी देश के युवकों के कन्धों पर इतना गुरुवर भार कभी नहीं पड़ा था। विगत दस वर्षों में मैंने समस्त भारत का भ्रमण किया है। मेरी यह दृढ़ मान्यता है कि बंगाली युवकों में वह शक्ति प्रकट होगी, जो भारत को उसके आध्यात्मिक अधिकार पद पर प्रतिष्ठित कराएगी।

"किसी आदर्श महापुरुष पर अनुराग रखकर उसकी ध्वजा तले खड़े हुए बिना कोई राष्ट्र उन्नति नहीं कर सकता।

"श्री रामकृष्ण के रूप में हमें एक ऐसा ही धर्मवीर, एक आदर्श प्राप्त हुआ है। यदि यह राष्ट्र उत्थान चाहता है तो मैं उच्च स्वर में घोषणा करता हूं कि सभी को इसी नाम का मतवाला बनना होगा...।"

कुछ दिन बाद श्रीरामकृष्ण परमहंस के जन्मदिन के अवसर पर एक

भव्य समारोह का आयोजन किया गया। इस अवसर पर दक्षिणेश्वर में प्रति वर्ष उत्सव होता था। इस वर्ष उत्सव में भाग लेने स्वामी जी दक्षिणेश्वर गये। उनके साथ उनके भारतीय और यूरोपीय शिष्य भी थे। लोग उनके दर्शनों के लिए लालायित थे। इस अवसर पर वहां अपार जनसमूह एकत्रित हो गया था। स्वामी जी वहां व्याख्यान देना चाहते थे, किंतु भारी कलरव के कारण बार-बार प्रयत्न करने पर भी उनकी आवाज नहीं सुनायी दी। अतः स्वामी जी जो उनके पास आता, उसी के साथ एक बालक के समान बातें करने लगते। उत्सव की समाप्ति पर वह आलम बाजार वाले मठ में चले गये।

## पाखण्ड खण्डन

यद्यपि मूल रूप में हिन्दू धर्म कर्म पर आधारित वर्णव्यवस्था का समर्थन करता है, यहां तक कि वैदिक साहित्य में ऐसे दृष्टांत भी मिलते हैं कि एक ही परिवार में पिता वैश्य, पुत्र ब्राह्मण और मां शूद्र वर्ण की होती थी। यह गौरवमयी परम्परा स्थायी नहीं रह सकी। कालान्तर में हिन्दू धर्म में जन्म पर आधारित वर्ण व्यवस्था मान ली गयी। महामूर्ख निन्दनीय कर्म करने वाला ब्राह्मण पुत्र भी ब्राह्मण तथा क्षत्रिय का पुत्र कायर होने पर भी क्षत्रिय माना जाने लगा । यदि नीच मानी जाने वाली जातियों में कोई मनस्वी-मनीषी भी पैदा होता, तो उसे केवल अपनी जाति के कारण नीच माना जाता। इतिहास पुरुष छत्रपति शिवजी को भी इस रूढ़िवाद का सामना करना पड़ा था। ऐसे महान वीर और साम्राज्य के संस्थापक को अपने अभिषेक के समय मराठा ब्राह्मणों के विरोध का सामना करना पड़ा क्योंकि उनका जन्म क्षत्रिय कुल में नहीं हुआ था, यद्यपि अपने कर्मों से वह क्षत्रिकुल शिरोमणि थे। इसी विडंबना के कारण स्वामी विवेकानंद की भी आलोचना की गयी।

उनकी आलोचना करने वालों में केवल ईसाई पादरी ही नहीं बंगाल के ब्राह्मण भी थे। भारतीय इतिहास में जहां अनेक दृष्टियों से बंगाल का महत्त्वपूर्ण स्थान रहा है, वही इस भूमि में जातिवादी संकीर्णता अपने निकृष्ट रूप में सामने आयी है। इस समय तक वहां समाज में ब्राह्मणों के अतिरिक्त सभी को शूद्र माना जाने लगा था। जातीय अहंकार से गुस्त बंगाली ब्राह्मण स्वामी जी की लोकप्रियता को सहन नहीं कर सके और कहने लगे कि एक शूद्र (कायस्थ) धर्म प्रचार करने लगा है। साथ ही 'बंगवासी' पत्र द्वारा बंगाली ब्राह्मण स्वामी जी के व्यक्तिगत चरित पर भी कीचड़ उछालने लगे

और उन्होंने प्रचार करना आरम्भ कर दिया कि "जो व्यक्ति पास में एक कानी कौड़ी न होने पर भी विदेशों में शून्य से भी बीस अंश नीचे की ठंड में खुले आकाश के नीचे रात्रि बिताने में भयभीत नहीं हुआ, उसे स्वदेश में डराना बड़ा कठिन है।"

इस दुष्प्रचार से स्वामी जी के प्रशंसकों में क्षोभ होना स्वाभाविक था, किंतु स्वामी जी ने "चाहे अनुचित ही सही, वे मेरे विषय में कुछ तो कहते हैं।" कहते हुए उन्हें शान्त किया। श्रीरामकृष्ण के जन्मोत्सव के कुछ दिन बाद उन्होंने इस प्रकार के कुतर्कों का खण्डन करते हुए एक व्याख्यान दिया। 'सर्वावयव वेदान्त' शीर्षक अपने इस व्याख्यान में उन्होंने कहा कि वेदान्त की समय-समय पर अनेक विद्वानों द्वारा व्याख्या किये जाने से अनेक मत पैदा हो गये हैं। इनके परिणामस्वरूप यह विषय तर्क-वितर्क का मुख्य साधन बन गया है। अपने व्याख्यान में स्वामी जी ने कहा कि वस्तुत: वेदान्त ऐसा जटिल शास्त्र नहीं है। वही सनातन धर्म की नींव है। समाज में व्याप्त छुआछूत की भावना की ओर संकेत करते हुए उन्होंने कहा कि धर्म को केवल रसोई तक सीमित रखने से ही वर्णाश्रम की रक्षा होगी, ऐसा मानना एक पागलपन ही है। उन्होंने कहा कि वर्णाश्रम धर्म के लुप्त होने विचित्र जातिभेद प्रथा उत्पन्न हुई है। बंगाल में तो बंगाली ब्राह्मण और शुद्र के अतिरिक्त (क्षत्रिय एवं वैश्य) दो वर्णों का अस्तित्व ही नहीं मानते, यहां यदि कोई वर्णाश्रम धर्म को पुन: स्थापित करना चाहे तो इसकी अनावश्यक रूढ़ियों को समाप्त करना होगा। स्वामी जी ने मूर्ख पाखण्डी ब्राह्मणों तथा वैष्णवों के धार्मिक व्यवसाय की आलोचना की और स्पष्ट रूप में कहा कि वह कुसंस्कारों और संकीर्णता से कदापि समझौता नहीं करेंगे।

स्वामी जी इस तथ्य से भली-भांति परिचित थे कि भाषणों का प्रभाव स्थायी नहीं होता, इनसे केवल सामाजिक उत्तेजना पैदा की जा सकती है, स्थायी प्रभाव केवल कर्म का होता है अत: इसके बाद इस विषय में उन्होंने कोई भाषण नहीं दिया, फिर भी अनेक लोग अपनी जिज्ञासा शान्त करने अथवा उनकी परीक्षा लेने उसके पास आते रहते थे। इसी बीच कुछ गुजराती विद्वान उनके साथ शास्त्रार्थ करने आये। ये सभी संस्कृत भाषा के मर्मज्ञ थे, अत: स्वामीजी के साथ संस्कृत में ही शास्त्रार्थ करने लगे। उनका उद्देश्य स्वामीजी को निरुतर कर देना था। वे जोर-जोर से चिल्लाते हुए एक साथ प्रश्न करने लगे। स्वामी जी शान्त भाव से उनके प्रश्नों के उत्तर दे रहे थे।

एक बार उन्होंने 'स्वस्ति' के स्थान पर 'अस्ति' कह दिया तो सभी पण्डित उनकी खिल्ली उड़ाने के उद्देश्य से हंसने लगे, तथापि स्वामी जी सर्वथा शान्त रहे। इस पर उन्होंने पण्डितों से संस्कृत भाषा में ही अत्यन्त विनम्रतापूर्वक कहा- "पण्डितों का सेवक हूं। मेरी इस भूल को क्षमा करें।"

स्वामी जी के इस व्यवहार से पण्डित बड़े प्रसन्न हुए। अन्ततः उन्होंने उनके (स्वामी जी के) तर्कों को स्वीकार भी कर लिया। यद्यपि सामान्य लोग संस्कृत में हुए शास्त्रार्थ को नहीं समझ सके। फिर भी वहां उपस्थित एक व्यक्ति ने इसके बाद पण्डितों से पूछा, "स्वामी जी के विषय में आपका क्या कहना है।" तो एक पण्डित ने उत्तर दिया, "व्याकरण का गम्भीर ज्ञान न होने पर भी वह वेदांत के गूढ़ रहस्यों के ज्ञाता हैं मीमांसा में अद्वितीय हैं। उनकी तर्क शक्ति अद्‌भुत है।"

स्वामी जी मानवमात्र की सेवा को संन्यासी का परम धर्म मानते थे और अपने गुरु भाइयों से भी इस सिद्धांत को स्वीकार करने को कहते थे, किंतु गुरु भाइयों ने आरम्भ में इसे सहसा नहीं अपनाया। वे स्वामी जी से भी इस सिद्धांत को छोड़ने के लिए कहने लगे। स्वामी जी का कहना था कि श्रीरामकृष्ण ने 'बहुजन हिताय बहुजन सुखाय' जन्म लिया था। यदि उनके शिष्यों ने ही इसे नहीं अपनाया तो उनमें और सामान्य व्यक्तियों में क्या अन्तर रह जाएगा। धीरे-धीरे सभी संन्यासियों ने इस सिद्धांत को अपना लिया। बाद में मुर्शिदाबाद के भयंकर अकाल में अनेक संन्यासियों ने मानवसेवा का प्रशंसनीय उदाहरण प्रस्तुत किया।

लम्बे समय से कठोर परिश्रम के कारण स्वामी जी का स्वस्थ शरीर धीरे-धीरे दुर्बल होता जा रहा था। इसकी चिन्ता किये बिना वह नये संन्यासियों को वेदांत विषयक ग्रन्थों का अध्ययन स्वयं कराते रहते थे। चिकित्सकों ने उन्हें पूर्ण विश्राम का परामर्श दिया, अतः सेवियर दम्पति आदि पाश्चात्य और भारतीय शिष्यों को साथ लेकर कुछ दिन के लिए दार्जलिंग चले गये। वहां वे श्री.एम.एम. बनर्जी के घर पर रहे। दो मास तक दार्जलिंग में रहने पर भी स्वास्थ्य में कोई विशेष सुधार नहीं हुआ अतः वह पुनः कोलकाता लौट आये।

अनेक नवयुवक तीन-चार वर्षों से आलम बाजार मठ में रहकर ब्रह्मचर्य का पालन कर रहे थे। वे सभी स्वामी जी से संन्यास की दीक्षा लेना चाहते थे। एक युवक के विषय में उनके कुछ गुरु भाइयों का कहना था कि

उसका पूर्व जीवन विवादास्पद रहा था, अतः उसे संन्यास की दीक्षा न दी जाए। स्वामी जी उनके इस तर्क से सहमत न थे। उनका कहना था कि "यदि हम पापियों को शरण देने में संकोच करेंगे तो वे कहां जाएंगे। उनकी सहायता करना हमारा कर्त्तव्य है। यदि तुम पतियों के चरित्र को नहीं सुधार सकते, तो तुम्हारा काषाय वस्त्र धारण करना व्यर्थ है।"

वैदिक कर्मकाण्डों में स्वामी जी की अपार श्रद्धा थी। वह वैदिक संस्कारों का अच्छी तरह पालन करा लेने के बाद ही ब्रह्मचारियों को संन्यास की दीक्षा देते थे। वह नवदीक्षित संन्यासी कहते थे- "बहुजन हिताय बहुजन सुखाय" ही संन्यासी के जीवन का आदर्श है। संन्यास की दीक्षा लेकर जो इस सिद्धांत को भूल जाता है उसका जीवन व्यर्थ है। परहित में आत्मबलिदान, दूसरे के करुण क्रन्दन को दूर करने, विधवाओं के आंसू पोछने, पुत्र वियोग में तड़पती मां को शान्ति देने, अज्ञानी को सामान्य जीवनयापन के योग्य बनाने तथा शास्त्रों के प्रचार-प्रसार से ज्ञान का प्रकाश फैलाकर सभी में सोये हुए ब्रह्म रूपी सिंह को जाग्रत करने के लिए ही संन्यासी जीवन धारण करता है। उठो स्वयं उठो, स्वयं जाग कर दूसरों को जगाओ, मानव जीवन को सार्थकता प्रदान करके चले जाओ।"

## रामकृष्ण मिशन

कोलकाता में स्वामी जी के रहने के दो स्थान थे, आलम बाजार मठ तथा बलराम बसु का मकान। यहीं रहकर वह श्रीरामकृष्ण के आदर्शों का प्रचार-प्रसार कर रहे थे। इस कार्य को स्थायी रूप से आगे बढ़ाने के लिए वह एक संस्था की स्थापना करना चाहते थे। उन्होंने अपना यह विचार अपने संन्यासी मित्रों के समक्ष रखा। उनके इस विचार से सभी सहमत थे, अतः इस पर विचार करने के लिए 1 मई 1897 को दोपहर बाद बलराम बसु के मकान में श्रीरामकृष्ण के संन्यासी तथा गृहस्थ शिष्यों की एक सभा हुई। सभा को सम्बोधित करते हुए स्वामी जी ने कहा, "अनेक देशों में भ्रमण करने के पश्चात मैं इस निष्कर्ष पर पहुंचा हूं कि संघ के बिना कोई भी महान कार्य सम्पन्न नहीं हो सकता, किंतु हमारे जैसे देश में पहले से ही सामान्य रूप में संघ बनाना या जनसामान्य का मत लेकर कार्य करना सरल नहीं है। इस देश में शिक्षा के प्रसार से ही जनता को जागृत किया जा सकता है, तभी लोग मत-मतान्तर की संकीर्ण सीमाओं से बाहर आकर अपने

विचारों का प्रसार करना सीखेंगे और तभी सामान्य रूप से संघ का कार्य चल सकेगा। अतः इस संघ का एक डिक्टेटर अथवा मुख्य संचालक होना आवश्यक है। सभी को उसकी आज्ञा माननी पड़ेगी। तत्पश्चात यथा समय सबके परामर्श से कार्य किया जाएगा।"

स्वामी जी का यह प्रस्ताव सर्वसम्मति से स्वीकार कर लिया गया। इसके बाद संघ की भावी कार्यप्रणाली पर विस्तार से चर्चा हुई और 'रामकृष्ण मिशन' नाम से संघ बनाने का निर्णय ले लिया गया। मिशन के निम्नलिखित उद्देश्य स्वीकृत किए गए–

1. मानव समाज के कल्याण हेतु श्री रामकृष्ण ने जो कुछ कहा तथा किया, उसका प्रचार-प्रसार और मनुष्य की शारीरिक, मानसिक तथा आध्यात्मिक उन्नति के लिए इनका जैसे भी प्रयोग हो सके, इसके लिए सहायता करना मिशन का उद्देश्य हैं।
2. विश्व के सभी मतों को सनातन धर्म का अंग मानते हुए सभी मतावलम्बियों के बीच सौहार्द की स्थापना हेतु श्रीरामकृष्ण ने जो कार्य प्रारम्भ किया, उसका संचालन मिशन का व्रत है।
3. मानव की भौतिक और आध्यात्मिक उन्नति हेतु योग्य व्यक्तियों को शिक्षित करना, श्रम एवं उद्यम को प्रोत्साहन देना और श्रीरामकृष्ण ने अन्य धर्मों के विषय में जो कुछ कहा, उसका समाज में प्रचार करना।
4. भारत में इच्छुक गृहस्थों और संन्यासियों की शिक्षा के लिए आश्रमों की स्थापना करना तथा देश-देशान्तर की जनता को शिक्षित करने के उपायों को अपनाना।
5. व्रत धारण करने वालों को विदेशों में भेजकर वहां स्थापित आश्रमों तथा भारतीय आश्रमों के सामंजस्य से अन्य आश्रमों की स्थापना करना।

मिशन के संचालन के लिए एक समिति बनायी गयी। स्वामी जी इसके सामान्य अध्यक्ष, स्वामी ब्रह्मानन्द कोलकाता केन्द्र के अध्यक्ष तथा योगानन्द उपाध्यक्ष बनाये गये। नरेन्द्रनाथ मित्र को समिति का सचिव, डॉक्टर शशिभूषण घोष और शरच्चन्द्र सरकार उपसचिव तथा शरच्चन्द्र चक्रवर्ती शास्त्रपाठक बनाये गये।

प्रत्येक रविवार को इस समिति की बैठक अपराह्न 4 बजे बलराम वसु के मकान पर होती थी। तीन वर्ष तक इसी स्थान पर बैठक होती रही।

'रामकृष्ण मिशन' की स्थापना की कुछ लोग आलोचना भी करने लगे। उनका कहना था कि स्वामी जी विदेशी ढंग पर कार्य कर रहे हैं। एक रविवार को मिशन की बैठक में एक संन्यासी ने प्रश्न उठाया-"श्रीरामकृष्ण की शिक्षाओं का प्रचार क्यों नहीं किया जा रहा है? उनकी शिक्षाओं के साथ उनके द्वारा प्रचारित आदर्शों का सामंजस्य नहीं है। एकान्त भक्ति के साथ ईश्वर की प्राप्ति के लिए प्रयत्न करना ही श्रीरामकृष्ण का आदर्श था। स्वामी जी कर्म और दीन-दुखियों की सेवा करने, शिक्षा का प्रसार तथा धर्म का प्रचार करने का उपदेश दे रहे हैं...।"

इस पर स्वामी जी हंस पड़े और बोले, "क्या तुम्हारे कहने का यह अर्थ है कि लिखना-पढ़ना, जनसामान्य में धर्म का प्रचार, दुःखी, रोगी, अनाथ आदि की सेवा या जनता का दुःख दूर करने का प्रयत्न ही माया में बंध जाना है। एक बार श्रीरामकृष्ण देव ने किसी व्यक्ति से कहा था-'ईश्वर की खोज करो, जगत् का उपकार करना केवल अनाधिकार चेष्टा है।' तब यदि केवल इसी से सभी कार्यों को अनुचित समझो, तो तुम श्रीरामकृष्ण के उद्देश्य को समझे ही नहीं हो।" कहते-कहते स्वामी जी का स्वर कठोर हो गया, फिर वह बोले, "या तुम समझते हो कि श्रीरामकृष्ण को तुमने मुझसे अधिक समझा है? क्या तुम समझते हो कि शुष्क पांडित्य ही ज्ञान है? जो हृदय की कोमल वृत्तियों को नष्ट कर एक शुष्क उपाय से अर्जित किया जाता है? तुम जिस भक्ति का उल्लेख कर रहे हो, वह मूर्खों की भावुकता मात्र है, जो मानव को कर्त्तव्यविमुख कर कापुरुष बना देती है। तुम श्रीरामकृष्ण के प्रचार की बात कर रहे हो? तुम और मैं उनके उदात्त भावों की कितनी कल्पना कर सके हैं कि उन्हें जगत को सिखाएं? इन बातों को छोड़ो। तुम्हारे श्रीरामकृष्ण को कौन चाहता है और कौन तुम्हारी भक्ति-मुक्ति को लेकर माथापच्ची करता था? शास्त्र क्या कहते हैं या नहीं कहते हैं, कौन सुनता है? यदि मैं घोर तमोगुण में डूबे हुए अपने देशवासियों को कर्मयोग से अनुप्राणित कर स्वावलम्बी बनाने में समर्थ हूं, तो मैं प्रसन्नतापूर्वक लाख बार नरक जाने के लिए तैयार हूं। मैं तुम्हारे रामकृष्ण या अन्य किसी का शिष्य नहीं हूं। जो भक्ति-मुक्ति की कामना छोड़कर दरिद्रनारायण की सेवा में स्वजीवन का उत्सर्ग करने को तत्पर हैं, मैं उन्हीं का शिष्य-सेवक क्रीतदास हूं।"

इसके साथ ही स्वामी जी का मुखमण्डल आवेश में आरक्त हो उठा। वह दोनों हाथों से अपने सीने को दबाकर आराम करने वाले कमरे में चले गये और उन्होंने दरवाजा अन्दर से बन्द कर लिया। उपस्थित लोगों को बड़ी

चिन्ता हुई। कुछ लोगों ने खिड़की से झांककर अन्दर देखा, तो स्वामी जी ध्यानमग्न होकर बैठे हुए थे। प्राय: एक घण्टे बाद वह बाहर आये। उनकी गम्भीर मुखमुद्रा को देखकर किसी को कुछ बोलने का साहस नहीं हुआ। थोड़ी देर में वह स्वयं बोल, ''जिसका हृदय भक्ति से परिपूर्ण हो जाता है, उसके स्नायु इतने कोमल हो जाते हैं कि कोमल पुष्प का आघात भी नहीं सह सकते। तुम सब जानते हो कि आजकल मैं भक्ति विषयक कोई पुस्तक नहीं पढ़ सकता। श्रीरामकृष्ण के विषय में अधिक देर तक बातें करने पर भी मैं भावुक हो जाता हूं... कर्म की कठिन श्रृंखला में मैंने स्वयं को बांध कर रखा है। इसलिए जब मैं देखता हूं कि भक्ति का प्रबल प्रवाह मुझे बहा ले जाना चाहता है, तो मैं उसी समय ज्ञान के कठोर दण्ड से उस पर आघात करता हूं और भावों को संयत कर लेता हूं। अभी मुझे अनेक कार्य करने हैं। मैं श्रीरामकृष्ण का क्रीतदास (जरखरीद गुलाम) हूं। वह अपने जिन कार्यों का भार मेरे कन्धों पर डाल गये हैं, मैं जब तक उन्हें पूर्ण न कर लूं, वह मुझे आराम नहीं करने देंगे।''

इन दिनों श्री शरच्चन्द्र चक्रवर्ती को स्वामी जी ऋग्वेद भी पढ़ाते थे। एक दिन वह उन्हें सायणभाष्य समझा रहे थे। उसी समय नाट्य सम्राट गिरीशचन्द्र वहां आये। स्वामी जी ने उनसे पूछा, ''जी.सी. संभव है, तुम्हें इन चीजों को पढ़ने की आवश्यकता ही न होती हो। जीवन को कृष्ण-विष्णु लेकर ही बिता दिया।'

''वेद पढ़कर मेरा क्या होगा! इन्हें समझने योग्य मेरे पास बुद्धि भी नहीं है और न ही समय। इन सबको दूर से ही प्रणाम कर मैं श्रीरामकृष्ण की कृपा से भवसागर पार हो जाऊंगा। वह आपके माध्यम से संसार को शिक्षित करेंगे और धर्म का प्रचार करेंगे। इसीलिए उन्होंने ये सब चीजें आपको सिखायी हैं।'' विनम्रतापूर्वक बाबू गिरीशचन्द्र ने उत्तर दिया।

स्वामीजी विश्वविख्यात विवेकानंद बन जाने पर भी अपने परिचितों से इसी प्रकार का हास-परिहास करते रहते थे। हां, जब कोई उन पर शंका करने लगता तो इससे उन्हें भारी मानसिक वेदना होती थी। उनका हृदय फूल से भी कोमल था। महिलाओं पर अत्याचार, बालविधवाओं की दुर्दशा, भ्रूणहत्या आदि की चर्चा करते हुए वह रोने लगते थे। वह महिलाओं में शिक्षा का प्रचार करने के लिए महिला मठ की स्थापना करना चाहते थे। उन्होंने महाकाली मठ पाठशाला के निरीक्षण के समय अपना यह विचार

श्री शरच्चन्द्र चक्रवर्ती के सामने व्यक्त भी किया था, किन्तु अस्वस्थता के कारण वह इस विचार को कार्यरूप में परिणत नहीं कर सके।

## अल्मोड़ा यात्रा

स्वामी जी का स्वास्थ्य निरन्तर गिरता जा रहा था। इससे उनके शिष्य और गुरु भाई भयभीत हो उठे। इंग्लैण्ड से कु. मूलर भी कोलकाता आ गयी थीं। चिकित्सकों ने स्वामी जी को परामर्श दिया कि वह जलवायु परिवर्तन हेतु कुछ समय के लिए किसी पहाड़ी स्थान पर चले जाएं। अत: 6 मई 1897 को स्वामी जी कोलकाता से अल्मोड़ा (उ.प्र.) के लिए चल पड़े।

स्वामी जी के आगमन का समाचार पाकर अल्मोड़ा के नागरिकों की प्रसन्नता की कोई सीमा न थी। उनके स्वागत हेतु अनेक संम्भ्रान्त लोग विशाल जनसमुदाय के साथ अल्मोड़ा से प्राय: सात किलोमीटर दूर लोधिया पहुंच गये थे। वहां से उन्हें घोड़े पर बैठाकर विशाल शोभायात्रा सहित अल्मोड़ा लाया गया। नगर में महिलाओं ने स्वामी जी पर पुष्प अक्षत चढ़ाये। वहां उनके सम्मान में एक मण्डप का निर्माण किया गया था। पांच हजार लोगों की उपस्थिति में अल्मोड़ा के नागरिकों की ओर से पण्डित ज्वालादत्त जोशी ने स्वामी जी के सम्मान में अभिनन्दन पत्र पढ़ा। इसके बाद लाला बदरीप्रसाद की ओर से उन्हें एक अन्य अभिनन्दन पत्र भेंट किया गया, जिसे पण्डित हरिराम पाण्डे ने पढ़ा। तत्पश्चात् स्वामी जी ने एक संक्षिप्त भाषण दिया, जिसमें उन्होंने पर्वतीय क्षेत्र में मठ स्थापित करने की इच्छा व्यक्त की।

अल्मोड़ा में स्वामी जी लाला बदरीप्रसाद के अतिथि बने और फिर यहां से 30 किलोमीटर दूरी पर स्थित लालाजी के एक बाग में रहने लगे। स्वामी जी एकान्तवास करना चाहते थे, किंतु ऐसा सम्भव नहीं हुआ क्योंकि अनेक लोग उनके दर्शनों के लिए आते रहते थे। तथापि वह रात्रि तथा प्रात:काल अवश्य एकान्त सेवन करते थे। इससे प्राय: पन्द्रह दिन में ही उनके स्वास्थ्य पर अनुकूल प्रभाव पड़ा।

उधर अमरीका में ईसाई मिशनरियों द्वारा स्वामी जी के विरुद्ध प्रचार तेज होता जा रहा था। स्वामी जी के भारत लौटने के कुछ समय बाद शिकागो धर्मसम्मेलन के अध्यक्ष डॉक्टर बैरोज भी भारत आये थे। अमरीका वापस जाने पर उन्होंने भी स्वामी जी के विरुद्ध प्रचार करना आरम्भ कर दिया। अनेक समाचारपत्र भी प्रचार करने लगे कि भारत जाने पर स्वामी जी ने

अमरीकी महिलाओं के विरुद्ध दुष्प्रचार आरम्भ कर दिया है तथा उनके कार्यों से भारतवासी सन्तुष्ट नहीं हैं। कहा जाने लगा कि भारत में उनके स्वागत सम्मान की बात सत्य नहीं है, वह एक नीची जाति के हिन्दू हैं और भारतीय समाज में उनका कोई सम्मान नहीं है।

इस दुष्प्रचार से स्वामीजी के विदेशी शिष्यों को भारी दु:ख हुआ। वे स्वामीजी को पत्र लिखने लगे, किंतु स्वामीजी इस प्रकार के दुष्प्रचार से बिलकुल भी विचलित नहीं हुए। स्वामी अखण्डानंद इस समय मुर्शिदाबाद में अकाल पीड़ितों की सेवा कर रहे थे। स्वामी जी ने स्वामी नित्यानन्द और सुरेश्वरानंद को भी इस कार्य में हाथ बंटाने के लिए भेज दिया। वह स्वयं भी वहां जाना चाहते थे, किंतु चिकित्सकों ने उन्हें ऐसा न करने का परामर्श दिया। अत: स्वामी जी अपने सहयोगियों को उत्साहित करने के लिए पत्र लिखते रहे।

मिशन की कोलकाता शाखा का कार्य संतोषजनक रूप में चल रहा था। मद्रास में स्वामी रामकृष्णानंद तथा अभेदानंद और शारदानंद इंग्लैण्ड तथा अमरीका में प्रचार कार्य कर रहे थे। स्वामीजी ने स्वयं भी प्रचार करने हेतु अल्मोड़ा से प्रस्थान करने का निर्णय लिया। अल्मोड़ा के नागरिकों ने स्वामी जी से अनुरोध किया कि वह यहां से जाने से पूर्व एक भाषण दें, अत: उन्होंने अल्मोड़ा के जिला स्कूल में वेदांत पर हिन्दी भाषा में एक प्रभावशाली भाषण दिया। अल्मोड़ा के अग्रेजों ने भी स्वामी जी को भाषण देने के लिए आमन्त्रित किया। गोरखा रेजीमेण्ट के कर्नल पुली की अध्यक्षता में 'इंग्लिश क्लब' में आयोजित सभा में उन्होंने अग्रेजों के समक्ष भाषण दिया। इस अवसर पर अनेक अंग्रेज उच्चाधिकारी तथा महिलाएं भी उपस्थित थीं। स्वामी जी के 'आत्मा-परमात्मा' से सम्बद्ध इस भाषण से अंग्रेज बड़े प्रभावित हुए।

## पंजाब कश्मीर भ्रमण

स्वामी जी को कश्मीर और पंजाब से अनेक आमन्त्रण प्राप्त हो रहे थे। अत: लगभग ढ़ाई महीने अल्मोड़ा में रहने के बाद वह 9 अगस्त 1897 को बरेली पहुंचे। वहां पहुंचने के तुरन्त बाद उन्हें ज्वर ने आ घेरा फिर भी 10 अगस्त की प्रात: ही आर्यसमाज द्वारा संचालित अनाथालय देखने गये।

बरेली के छात्रों का वेदांत के प्रति अनुराग देख स्वामी जी ने एक छात्र

समिति की स्थापना की। 12 अगस्त को स्वामी जी को पुनः ज्वर आ गया था, फिर भी उन्होंने अपने दर्शनार्थियों के समक्ष व्याख्यान दिया तथा रात्रि में वह अम्बाला के लिए चल पड़े, जहां वह प्रायः एक सप्ताह रहे। वहां उनके स्वास्थ्य में सुधार होने लगा। यहां वह विभिन्न मतावलम्बियों के सम्पर्क में आये। कुछ दिन बाद से वियर दम्पति भी स्वामी जी के पास पहुंच गये।

अम्बाला से स्वामी जी रावलपिण्डी, मरी होते हुए श्रीनगर पहुंचे, जहां उन्होंने न्यायमूर्ति ऋषिवर मुखोपाध्याय का आतिथ्य स्वीकार किया। कश्मीर का जलवायु उनके स्वास्थ्य के अनुकूल रहा। अनेक कश्मीरी पंडित स्वामी जी के पास विभिन्न विषयों पर चर्चा के लिए आने लगे। 14 सितम्बर को स्वामी जी कश्मीर नरेश के आमन्त्रण पर राजभवन के अतिथि बने। वहां उनका भव्य स्वागत किया गया। उन्हें आसन पर बैठ कर महाराजा रामसिंह स्वयं नीचे बैठे। दोपहर बाद प्रायः दो बजे से चार बजे तक उन्होंने राजा के साथ जनहित के विभिन्न विषयों पर चर्चा की। कश्मीर नरेश उनकी विदग्धता से अभिभूत हो उठे। 17 सितम्बर से स्वामी जी ने अक्टूबर के प्रथम सप्ताह तक डल झील में एक नाव में निवास किया। इस नाव की व्यवस्था महाराज द्वारा की गयी थी। इस अवधि में स्वामी जी ने अनेक निकटवर्ती इतिहास प्रसिद्ध स्थानों का भ्रमण भी किया।

12 अक्टूबर को वह श्रीनगर से पुनः मरी पहुंचे। वहां बंगाली और पंजाबी समाज के गणमान्य व्यक्तियों द्वारा उन्हें 14 अक्टूबर को अभिनन्दन-पत्र भेंट किया गया। अभिनन्दन सभा में उन्होंने एक सुन्दर और प्रभावपूर्ण व्याख्यान दिया। 16 अक्टूबर को वह मरी से रावलपिण्डी पहुंचे। वहां वह हंसराज वकील के घर पर रहे। पहले दिन वहां उनकी भेंट आर्यसमाजी सन्त स्वामी प्रकाशानंद से हुई। 17 अक्टूबर को रावलपिण्डी की जनता के आग्रह पर उन्होंने हिन्दू धर्म के विषय में व्याख्यान दिया। अंग्रेजी भाषा में उनका यह धाराप्रवाह भाषण दो घण्टे तक चला। इसके बाद 19 अक्टूबर को उन्होंने कालीबाड़ी में 'स्वदेश' का सच्चा कल्याण कैसे हो' विषय पर भाषण दिया।

20 अक्टूबर 1897 को स्वामी जी कश्मीर नरेश तथा जम्मू के अनेक अन्य सम्भ्रान्त नागरिकों के आमंत्रण पर जम्मू गये। वहां उन्हें आदरपूर्वक उनके लिए पहले से निर्धारित स्थान पर ले जाया गया। दूसरे दिन स्वामी जी

राजमहल गये, जहां महाराजा, उनके दो भाइयों तथा अनेक अन्य उच्चाधिकारियों ने उनका स्वागत किया। उन्हें सम्मानपूर्वक एक आसन पर बैठाया गया। इसके बाद महाराजा ने उनसे संन्यासियों के धर्म के विषय में प्रश्न किया। स्वामीजी ने उन्हें इस विषय में विस्तार से समझाया और कहा कि रूढ़ियों का परित्याग न करने से ही भारत की अवनति हुई है।

महाराजा के साथ इसी वार्तालाप में विदेश जाने पर धर्मच्युति दोष का प्रसंग आया तो स्वामी जी ने स्पष्ट शब्दों में कहा, "विदेश यात्रा किये बिना वास्तविक शिक्षा प्राप्त नहीं होती।" स्वामी जी की विदेश यात्रा के विषय में भी विस्तार से बातें हुई। महाराजा कश्मीर से स्वामी जी का यह वार्तालाप लगभग चार घण्टों तक चला। स्वामी जी के विचारों से महाराजा अत्यधिक प्रभावित हुए।

22 अक्टूबर को स्वामी जी ने राजभवन में भाषण दिया। इससे महाराजा इतने प्रभावित हुए कि उन्होंने विशेष अनुरोध से एक सप्ताह के लिए उन्हें जम्मू में रुकने के लिए बाध्य कर दिया। उनके अनुरोध पर स्वामी जी ने कुछ और भाषण भी दिये।

29 अक्टूबर को स्वामी जी जम्मू से सियालकोट पहुंचे। यहां उन्होंने हिन्दी में दो भाषण दिये। वहां महिला शिक्षा की कोई व्यवस्था नहीं थी। वह देख स्वामी जी को बड़ा दु:ख हुआ। उनकी प्रेरणा से सियालकोट में लाला मूलचन्द ने एक बालिका विद्यालय की स्थापना की।

5 नवम्बर को स्वामी जी लाहौर गये। उनके सम्मान में स्टेशन पर सनातन धर्म सभा के कार्यकर्ता पहले से ही उपस्थित थे। वे स्वामी जी को राजा ध्यानसिंह की हवेली ले गये। वहां उन्होंने अपने दर्शनार्थियों को धर्म के विषय में उपदेश दिये और फिर वह 'ट्रिब्यून' के सम्पादक नरेन्द्रनाथ गुप्त के आमन्त्रण पर उनके घर गये। लाहौर में उन्होंने 'हिन्दू धर्म की सामान्य आधारशिला', 'भक्ति' और 'वेदांत' विषय पर व्याख्यान दिये।

## आर्यसमाज के सम्पर्क में

लाहौर में स्वामी जी को आर्यसमाज के निकट सम्पर्क में आने का अवसर प्राप्त हुआ। आर्यसमाज मूर्ति पूजा का प्रबल विरोधी है। इस विषय पर स्वामी जी का आर्यसमाजियों से वाद-विवाद होता रहता था। यद्यपि इस बिन्दु पर वह आर्यसमाज से सहमत नहीं थे, तथापि आर्यसमाज के संस्थापक

स्वामी दयानंद के जीवन चरित से वह अत्यधिक प्रभावित हुए। आर्यसमाजियों की चारित्रिक विशेषता, त्याग, राष्ट्रप्रेम, समाज सुधार आदि के वह प्रशंसक बन गये। वह इन सदगुणों की मुक्तकण्ठ से प्रशंसा करते थे, किंतु उनकी साम्प्रदायिक कट्टरता का विरोध करने में भी वह पीछे नहीं रहते थे।

'दयानन्द एंग्लो वैदिक कॉलेज' लाहौर के अध्यक्ष लाला हंसराज आर्यसमाज के कट्टर समर्थक थे। एक दिन स्वामी जी के समक्ष वह तथा उनके कुछ आर्यसमाजी मित्र तर्क दे रहे थे कि वेद मन्त्रों का केवल एक ही अर्थ हो सकता है, किंतु स्वामी जी का कहना था कि लोग अपनी-अपनी बुद्धि से अलग-अलग अर्थ निकालते रहे हैं। इन मतों का सर्वथा असंगत नहीं कहा जा सकता। लाला हंसराज अपने तर्कों से अपने मत को सत्य सिद्ध करना चाहते थे। स्वामी जी को उनके तर्कों में हठधर्मिता दिखायी दे रही थी। वह किसी प्रकार अपना हठ छोड़ने को तैयार न हुए तो स्वामी जी ने कहा "लाला जी! आप जिस विषय पर इतना हठ कर रहे हैं, उसे हम कट्टर कहते हैं। हम जानते हैं कि इस प्रकार की कट्टरता से आपका अपने समाज के प्रचार में सहायता मिलती है और मैं यह भी जानता हूं कि इस प्रकार की कट्टरता की तुलना में मनुष्य की कट्टरता (किसी को अवतार मानकर उसकी शरण लेने से मुक्ति होगी, ऐसा विचार) से ओर भी आश्चर्यजक रूप में शीघ्रता से मत (सम्प्रदाय) का प्रसार होता है। मेरे हाथ में वह शक्ति भी है। हमारे गुरुभाई श्रीरामकृष्ण परमहंस को अवतार के रूप में चरित्र करने के लिए मेरे अन्य गुरुभाई भी तत्पर हैं। केवल मैं ही इस प्रकार के प्रचार का विरोधी हूं क्योंकि मेरा दृढ़ विश्वास है कि मनुष्य को अपने विश्वास और धारणा के अनुसार उन्नति करने के लिए स्वतन्त्र रखना चाहिए। यद्यपि यह उन्नति धीरे-धीरे होती है, तथापि ऐसी उन्नति स्थायी होती है।"

एक अन्य दिन स्वामी जी का आर्यसमाजियों से श्राद्ध के विषय में शास्त्रार्थ हुआ। आर्यसमाज श्राद्ध में विश्वास नहीं करता। स्वामी जी ने अपने प्रबल तर्कों से श्राद्ध का समर्थन किया और आर्यसमाजियों को पराजित कर दिया।

सनातनी और आर्यसमाजी दोनों ही स्वामी जी का समान रूप से आदर करते थे क्योंकि वह आर्यसमाज के अनेक सिद्धान्तों का प्रबल विरोध करने पर साम्प्रदायिक उदारता का परिचय देते थे। आर्यसमाज द्वारा पौराणिक हिन्दुओं के आचार-व्यवहार का विरोध किये जाने से उसके और पौराणिकों के बीच में एक कटुता आ गयी थी। स्वामी जी ने अपने सम्पर्क में आने वाले दोनों पक्षों के लोगों के मन से इस कटुता को दूर कर दिया।

आर्यसमाजियों, सनातन मतावलम्बियों और सिखों के बीच सौहार्द की स्थापना के लिए स्वामी जी ने लाहौर में युवकों की एक संस्था स्थापित की। यह संस्था बिना किसी प्रकार का भेदभाव किये विभिन्न वर्गों में सेवा आदि का कार्य करती थी। आर्यसमाज के प्रचारक रह चुके स्वामी अच्युतानंद स्वामी जी से इतने प्रभावित हुए कि उनके शिष्य बन गये। उन्होंने स्वामी जी की पंजाब, कश्मीर यात्रा का विस्तार से क्रमबद्ध वर्णन किया है।

विश्वविख्यात व्यक्तित्व बन जाने पर भी स्वामी जी में 'अहं' भाव का लेशमात्र भी नहीं था। वह अपने पूर्व मित्रों से इस प्रकार मिलते थे, जैसे यह स्वामी विवेकानंद न होकर बाल्यकाल के नरेन्द्र हों। उनके बाल्यकाल के एक साथी मोतीलाल घोष इण्डियन सर्कस के मालिक बन गये थे। एक दिन लाहौर में वह स्वामी जी को मिल गये। स्वामी जी ने उन्हें देखते ही पहचान लिया और उनके साथ बचपन की तरह ही बातें करने लगे। बचपन में दोनों एक ही व्यायामशाला में व्यायाम करते थे। स्वामी जी से वार्तालाप करने में मोतीलाल घोष को बड़ा संकोच हो रहा था। वह समझ नहीं पा रहे थे कि उन्हें स्वामी जी को क्या कहकर सम्बोधित करना चाहिए, अतः वह पूछ बैठे, "भई! मैं आपको क्या कहकर सम्बोधित करूं?"

"अरे! मोती क्या तू पागल हो गया है? मैं क्या बन गया हूं? मैं वही नरेश हूं और तू भी मोती है।" स्वामी जी बड़े ही स्नेह और अपनत्व से बोले। इससे मोतीलाल घोष का सारा संकोच दूर हो गया। दोनों मित्र कुछ देर तक बचपन की स्मृतियों में खो गये।

लाहौर में स्वामी जी की भेंट एक अन्य मनीषी स्वामी रामतीर्थ से हुई। स्वामी रामतीर्थ अभी तीर्थराम ही थे (संन्यास लेने पर ही उन्होंने स्वामी रामतीर्थ नाम ग्रहण किया था)। तीर्थराम इन दिनों मिशन (फोरमैन क्रिश्चियन) कॉलेज लाहौर में गणित के प्रोफेसर थे। वह स्वयं भी वेदांत के विद्वान थे। स्वामी जी के अलौकिक व्यक्तित्व से वह प्रभावित हुए बिना नहीं रह सके। स्वामी जी ने ध्यानसिंह की हवेली के सामने जो भाषण दिया, उसके सम्बन्ध में 'ए स्टोरी ऑफ स्वामी राम' में पूर्णसिंह लिखते हैं-

"स्वामी जी ध्यानसिंह की हवेली में ठहरे हुए थे और मुझे आज की इस घड़ी में भी वह दृश्य स्पष्ट रूप से दिखायी देता है, जब स्वामी जी का भाषण सुनने हवेली के उस विशाल भवन में लाहौर का सफाधारी कितना विशाल जनसमूह एकत्रित था। उस समय मैं निरा बालक ही था। पंजाब

विश्वविद्यालय की इण्टर की परीक्षा के लिए कॉलेज में पढ़ रहा था, किंतु उस दृश्य की मेरे हृदय पर जो अमिट छाप पड़ी, वह किसी प्रकार नहीं धुल सकती। हवेली ठसाठस भर गयी थी और बहुत लोग आंगन में जमा हो गये थे। स्वामी जी के दर्शनों के लिए लोग कन्धे से कन्धा भिड़ाकर भवन में प्रवेश करने का प्रयास कर रहे थे। स्वामी जी ने ऐसी आतुर और अनियन्त्रित होने वाली भीड़ देखी, तो वह बोले, "मैं खुले वायुमण्डल में भाषण दूंगा। हवेली का घेरा आंगन बहुत बड़ा है और उसके बीच मन्दिर के आकार का एक ऊंचा प्लेटफार्म भी है।"

"इतना कहते हुए स्वामी जी उसे प्लेटफार्म पर जा विराजमान हुए। उस समय उनकी अलौकिक छवि, उत्तम स्वास्थ्य से दमकता हुआ विशालकाय शरीर, संन्यासी की काषाय वेशभूषा, प्राचीन ऋषियों को स्मरण कराने वाली मुखमुद्रा, बड़ी-बड़ी आकर्षक आंखें, जिनका जादू सारे वातावरण में व्याप्त हो रहा था, उन्होंने सिर पर नारंगी रंग का साफा पंजाबी ढंग से बांध रखा था, शरीर पर गेरुआ रंगीन दुपट्टा लहरा रहा था। थोड़ी देर में जब वेदांत केसरी स्वामी जी ने गरजना आरम्भ किया तो घण्टों गरजते रहे। मन्त्रमुग्ध से श्रोता उनका भाषण सुन रहे थे। सभी मानसिक क्षितिज की आनन्ददायक ऊंचाइयों पर विचरण करने लगे।

वस्तुतः स्वामी जी के इस भाषण का प्रबन्ध तीर्थराम ने ही किया था। प्रोफेसर तीर्थराम पहले से ही वैराग्य की ओर झुके हुए थे।

स्वामी विवेकानंद के सम्पर्क में आने के बाद उन्हें एक नयी दिशा मिली। इस प्रभाव और दोनों व्यक्तित्यों की तुलना करते हुए डॉक्टर जयराम मिश्र अपनी पुस्तक 'स्वामी रामतीर्थ- जीवन और दर्शन' में लिखते हैं-

"... तीर्थराम स्वामी विवेकानंद के निकटतम सम्पर्क में आये और उनके आदर्शों से अत्यधिक प्रभावित हुए। स्वामी विवेकानंद आधुनिक युग के प्रथम मन्त्रदृष्टा ऋषि थे, जिन्होंने शंकराचार्य के अद्वैत वेदांत को व्यावहारिक रूप प्रदान किया। उन्होंने अद्वैत वेदांत को भक्ति, कर्म, देश सेवा, मानवमात्र की सेवा आदि अनेक पहलुओं से समझने-समझाने का प्रयास किया था। स्वामी विवेकानंद से साक्षात्कार उनके सत्संग आदि ने तीर्थराम की त्याग आदि भावनाओं को और भी अधिक उद्दीप्त कर दिया। स्वामी विवेकानंद के आदर्शों ने तीर्थराम की मूक आत्मानुभूति को वाणी प्रदान की। आगे चलकर तीर्थराम ने वेदांत के उस पहलू की पुनः नये ढंग से व्याख्या की, जिसका निर्देश स्वामी विवेकानंद पहले ही कर चुके थे।

"स्वामी विवेकानंद और स्वामी रामतीर्थ में एक असाधारण बौद्धिक समानता थी। इस समानता की ओर संकेत हुए स्वामी रामतीर्थ के शिष्य सरदार पूर्णसिंह ने लिखा है-

"स्वामी विवेकानंद स्वामी रामतीर्थ से बढ़कर दार्शनिक वक्ता और नरकेसरी संन्यासी थे और स्वामी रामतीर्थ उनसे बढ़कर थे। अपने गम्भीर समधिजन्य परमानंद में, जो एक अटल आधारशिला की तरह उनके प्रफुल्ल मधुर काव्यशील संचरण में, उनके सहानुभूति सहृदय व्यवहार में, अपनी परिस्थिति के साथ सम्पूर्ण काव्म मय मस्ती में, जो सदा उनका पल्ला पकड़े रहती थी।"

वस्तुतः भारत की ये दोनों विभूतियां अपने आप एक उदाहरण हैं। दोनों का एक विशेष स्थान है। दोनों ने मातृभूमि के यश-गौरव को बढ़ाया तथा प्राचीन गौरवशाली भारतीय संस्कृति और वेदांत से विदेशियों को परिचित कराया। दोनों ही वेदांत के विद्वान थे, दोनों ने देश और विदेशों में इस विषय पर व्याख्यान दिये।

रामतीर्थ ने अपने गुरु धन्नाराम को लिखे पत्र में स्वयं भी स्वीकार किया था कि वह स्वामी जी के व्याख्यानों से प्रभावित हुए थे- "स्वामी विवेकानंद के लेक्चर सुने। वे अत्यन्त योग्य हैं। उन दिनों अवकाश बहुत कम मिला... आर्यसमाज को बहुत जाबाल पहुंचा।"

तीर्थराम ने एक दिन स्वामी जी को भोजन पर आमन्त्रित किया। वह स्वामी जी के साथ वेदांत पर चर्चा करना चाहते थे। स्वामी जी अपने शिष्यों सहित तीर्थराम का आतिथ्य स्वीकार करने गये। उनका तीर्थराम से वेदांत पर गम्भीर वार्तालाप हुआ। इस विषय में 'विवेकानंद चरित' के लेखक सत्येन्द्रनाथ मजूमदार लिखते हैं-

"योग्य अधिकारी देखकर स्वामी जी ने वेदांत के कार्य में उन्हें प्रेरित किया। स्वामी जी ने अपने विवेक-वैराग्यवान तथा शिक्षित मित्र को स्वदेश तथा विदेश में वेदांत प्रचार द्वारा होने वाले महान कल्याण की बातों को इस प्रकार समझा दिया कि प्रोफेसर (तीर्थराम) महोदय के जीवन में एक नया परिवर्तन आ गया। वेदांत प्रचार के कार्य में अपना जीवन उत्सर्ग कर देने के लिए उन्होंने दृढ़ संकल्प किया।"

इसके बाद जब स्वामी जी प्रोफेसर तीर्थराम के घर से चलने को उद्यत हुए तो उन्होंने अपनी सोने की घड़ी उपहार स्वरूप स्वामी जी को भेंट कर

दी। इस पर स्वामी जी ने हंसते हुए कहा, "मित्र इस घड़ी का प्रयोग अब मैं इस जेब में रखकर करूंगा।" उन्होंने घड़ी जेब रख ली।

आर्यसमाज से प्रेम और आर्यसमाजियों से मित्रता के कारण उस समय ऐसा लगने लगा था और कई लोग चर्चा भी करने लगे थे कि स्वामी जी को आर्यसमाज का प्रधान चुन लिया जाएगा, किंतु ऐसा नहीं हुआ।

इसके बाद अस्वस्थता के कारण वह कुछ दिन के लिए देहरादून चले गये। खेतरी नरेश उन्हें आमन्त्रित करने के लिए बार-बार पत्र भेज रहे थे, अतः कुछ दिन देहरादून में रहने के बाद वह सहारनपुर होते हुए पहले दिल्ली और फिर अलवर पहुंचे। अलवर से वह जयपुर होते हुए खेतरी पहुंचे। स्वामी जी के आगमन का समाचार पाकर खेतरी नरेश उनका स्वागत करने हेतु खेतरी से 12 मील दूर पहुंचे थे। वहां से स्वामी जी को विशाल शोभायात्रा के साथ ले जाया गया। इस अवसर पर राज्य में समारोह मनाया गया। एक समारोह में राजदरबार के सभी कर्मचारियों ने स्वामी जी के चरण स्पर्श कर दो-दो रुपये भेंट किये और राजा ने उन्हें तीन हजार मुद्राएं भेंट कीं। इस अवसर पर उनके सम्मान में अभिनन्दन पत्र भी पढ़ा गया। इसके बाद उन्होंने एक भाषण दिया, जिसमें बच्चों की शिक्षा के सन्दर्भ में उन्होंने कहा, "बच्चों को शिक्षा देनी है, तो उन पर अधिक विश्वास करना होगा। यह स्वीकार करना होगा कि बच्चा अनन्त ईश्वरीय शक्ति का आधार है। उसे शिक्षा देते समय इस तथ्य को ध्यान में रखना चाहिए। वे स्वयं चिन्तन करना सीखें, हमें इसे याद रखना चाहिए। इस मौलिक चिन्तन की कमी ही भारत की वर्तमान दुर्दशा का कारण है। यदि लड़कों को इस प्रकार की शिक्षा दी जाए तो वे मनुष्य बनकर जीवन संग्राम में अपनी समस्याओं का सामना कर पाने में समर्थ होंगे।

खेतरी में 20 दिसम्बर 1897 को स्वामी जी का एक विशेष भाषण हुआ। इस अवसर पर खेतरी नरेश और राज्य के अनेक महत्त्वपूर्ण व्यक्तियों के साथ ही अनेक यूरोपीय की उपस्थित थे। स्वामी जी ने प्रायः डेढ़ घंटे तक भाषण दिया। अपने भाषण में एक स्थान पर उन्होंने कहा, 'हम हिन्दू भी नहीं है, हम वेदांती भी नहीं हैं, वस्तुतः हम 'छुआछूत पन्थी' हैं। रसोईघर हमारा मन्दिर है। भोजन बनाने का पात्र हमारा उपास्य ईश्वर है तथा मत छुओ-मत छुओ' मन्त्र है। समाज के इस अंध कुसंस्कार को दूर करना पड़ेगा और ऐसा उदात्त उपनिषदों की शिक्षा से ही हो सकता है।"

खेतरी से जोधपुर, इन्दौर, खण्डवा आदि स्थानों पर होते हुए स्वामी जी जनवरी 1898 में कोलकाता लौट आये। बम्बई प्रेसीडेन्सी, गुजरात आदि से स्वामी जी को अनेक आमन्त्रण-पत्र प्राप्त हुए थे, किंतु खण्डवा में अस्वस्थ हो जाने के कारण वह इन स्थानों पर नहीं जा सकें।

स्वामी जी गंगा के तट पर एक मठ स्थापित करना चाहते थे। इसके लिए उन्हें बेलुड़ गांव उपयुक्त स्थान जान पड़ा। स्वामी जी की शिष्या हेनरिएटा से प्राप्त धन से बेलुड़ में भूमि खरीद ली गयी। इसके बाद वहां निर्माण कार्य आरम्भ हुआ। इसके लिए भी धनराशि की व्यवस्था स्वामी जी की अमरीकन शिष्या श्रीमती ओलीबुल ने की। इस अवधि में स्वामी जी बेलुड़ गांव में नीलाम्बर मुखोपाध्याय के उद्यान वाले घर में रहने लगे। आलम बाजार स्थित मठ भी यहीं स्थानान्तरित कर लिया गया। सेवियर दम्पत्ति इस समय हिमालयीय क्षेत्र में मठ स्थापनार्थ उपयुक्त स्थान की खोज कर रहे थे।

## यज्ञोपवीत संस्कार

इस समय स्वामी जी के अनेक सहयोगी अमरीका आदि पाश्चात्य देशों में प्रचार के बाद लौट आये थे। कुछ सहयोगी दुर्भिक्ष आदि में समाजसेवा का कार्य कर रहे थे। रामकृष्ण मिशन का कार्य भी समुचित रूप में चल रहा था। पहले भी उल्लेख किया जा चुका है कि बंगाल के ब्राह्मण अन्य सभी जातियों को शूद्र मानते थे। जबकि स्वामी जी की दृष्टि में क्षत्रियों और वैश्यों का भी अस्तित्व था, यद्यपि सामाजिक रूढ़ियों के बन्धनों से ये दो वर्ण अपने संस्कार भूल चुके थे। कुछ दिन बाद श्रीरामकृष्ण का जन्मदिन मनाया गया। इस दिन स्वामी जी ने घोषणा की कि श्रीरामकृष्ण के सभी अब्राह्मण शिष्यों का यज्ञोपवीत संस्कार किया जाएगा और श्री शरच्चन्द्र चक्रवर्ती यह संस्कार सम्पन्न करेंगे। स्वामी जी ने कहा, "श्रीरामकृष्ण के सभी भक्त ब्राह्मण हैं। वेदों की आज्ञा है कि ब्राह्मण, क्षत्रिय और वैश्य तीनों वर्णों को उपनयन संस्कार का अधिकार है। संस्कार के अभाव में ये लोग व्रात्य बन गये हैं। आज श्रीरामकृष्ण के जन्मदिवस के पुनीत अवसर पर वे अपने अधिकार के  अनुसार क्षत्रिय या वैश्य बनें। समय आने पर इन्हें ब्राह्मण भी बनाना पड़ेगा।" इस अवसर पर प्राय: पचास व्यक्तियों ने गंगास्नान के बाद श्रीरामकृष्ण के चित्र के समक्ष यज्ञोपवीत धारण किया।

स्वामी जी के इस क्रान्तिकारी कार्य का रूढ़िवादियों ने प्रबल विरोध किया। स्वामी जी इस कार्य से हिन्दू समाज के एक बहुत बड़े भाग में आयी हीन भावना को दूर करना चाहते थे। किंतु कट्टरपन्थियों को यह असह्य हो गया। यज्ञोपवीत धारण करने वालों को समाज में अनेक प्रकार से प्रताड़ित किया गया। उस समय भले ही यह कार्य आलोचना का विषय बना, किंतु बाद में बंगाल की कई ब्राह्मणेतर जातियों को इससे प्रेरणा मिली, वे क्षत्रियत्व और वैश्यत्व ग्रहण करने की मांग करने लगीं। नि:सन्देह स्वामी जी के कार्य की तुलना महर्षि दयानन्द सरस्वती के 'कृणवन्तो विश्वमार्यम्' के महान उद्घोष से की जा सकती है।

## भगिनी निवेदिता

इस समय बेलुड़ मठ का निर्माण कार्य चल रहा था। इसके लिए खरीदी गयी भूमि में एक पुराना मकान भी था। मठ के कुछ संन्यासी नीलाम्बर मुखोपाध्याय वाले किराये के मकान में रहते थे और कुछ खरीदे गये मकान में। कुछ विदेशी शिष्याएं खरीदी गयी भूमि में झोपड़ियां डालकर रहने लगीं। स्वामी जी समय मिलने पर उन्हें भारतीय आचार-व्यवहार तथा दर्शन आदि की शिक्षा देते रहते थे। यों उन्हें शिक्षा देने का कार्य स्वरूपानंद करते थे। कुमारी मार्गरेट नोबेल ने संन्यास ग्रहण करने का निर्णय ले लिया था। इससे पूर्व जब उन्होंने स्वामी जी से भारत आने की अनुमति मांगी थी, तो उन्होंने उनके लिए लिखा था– "यदि निर्धनता, अध:पतन, कूड़ाकर्कट जीर्ण-मैले वस्त्र पहने स्त्री-पुरुषों को देखने की इच्छा हो, तो चली आओ; अन्य किसी चीज की इच्छा करके मत आना। हम तुम लोगों की हृदयहीन आलोचना को नहीं सह सकते।"

कुमारी नोबेल को एक अन्य घटना भी याद थी, एक बार एक अंग्रेज महिला एक विचित्र देश वाले कुरुप ब्राह्मण को देखकर हंस पड़ी, तो स्वामी जी ने उस डाटते हुए कहा था- "चुप रहो! इनके लिए तुमने क्या किया है?" कुमारी नोबेल को उनके अनुरोध पर ब्रह्मचर्य की दीक्षा दी गयी और उनका नया नाम पड़ा- 'भगिनी निवेदिता।' उन्हें दीक्षा देते समय स्वामी जी ने कहा था-"वत्से! आओ, तुम उन्हीं का अनुसरण करो, जिन्होंने बुद्धत्व प्राप्त करने से पूर्व पांच सौ बार लोक कल्याण हेतु आत्मोत्सर्ग किया था।"

अत्यधिक परिश्रम के कारण स्वामी जी का शरीर दुर्बल हो चला था।

वह कई बार अस्वस्थ पड़ चुके थे। इधर वह पुनः अस्वस्थ हो गये। चिकित्सकों ने उन्हें जलवायु परिवर्तन और विश्राम करने का परामर्श दिया, अत: 30 मार्च 1998 को वह दार्जलिंग चले गये।

## प्लेग पीड़ितों की सेवा

दार्जलिंग में स्वामी जी के स्वास्थ्य में कुछ सुधार हो रहा था कि तभी उन्हें कोलकाता में प्लेग के प्रकोप का समाचार मिला, जिसमें प्रतिदिन अनेक व्यक्ति मर रहे थे। इस समाचार के प्राप्त होने पर उनके लिए दार्जलिंग में रुक पाना कठिन हो गया और 3 मई को वह कोलकाता लौट आये।

कोलकाता आते ही उन्होंने प्लेग की रोकथाम के विषय में एक व्याख्यान दिया तथा इसका बंगला और हिन्दी रूपान्तर समाचारपत्रों में प्रकाशनार्थ दे दिया। इसके बाद वह पूर्ण मनोयोग से प्लेग पीड़ितों की सेवा में जुट गये। इस कार्य में उनके अनेक सहयोगियों और शिष्यों के साथ ही भगिनी निवेदिता ने विशेष हाथ बंटाया। प्लेग से वैसे ही कोलकाता में एक दहशत जैसी फैली हुई थी, उस पर 'प्लेग रेगुलेशन' के अन्तर्गत जनता पर अमानवीय अत्याचार किये जा रहे थे।

स्वामी जी के पास पीड़ितों की सेवा के लिए साधनों का अभाव था। इस ओर संकेत करते हुए उनके एक गुरु भाई ने प्रश्न किया तो उनका उत्तर था, "यदि आवश्यकता हुई तो मठ के लिए खरीदी गयी भूमि बेच देंगे। हजारों स्त्री-पुरुष हमारे सामने असह्य दु:ख सहें और हम मठ में रहें, यह मानवता नहीं है। आवश्यकता पड़ने पर हम पहले के समान पुनः वृक्षों के नीचे रह लेंगे। भिक्षा से मिला अन्य-वस्त्र हमारे लिए पर्याप्त होगा।" किंतु मठ की भूमि बेचने की आवश्यकता नहीं पड़ी। अनेक दानदाताओं ने स्वामी जी के इस पुनीत कार्य में आर्थिक सहायता दी तथा कई उत्साही लोग भी इस कार्य में हाथ बंटाने के लिए आ गए। सभी ने प्रभावित क्षेत्रों में सफाई तथा औषधि वितरण कार्य किया। स्वामी जी के इस कार्य से उनका विरोध करने वाले रूढ़िवादी भी प्रभावित हुए बिना नहीं रह सके। वे समझ गये कि स्वामी की केवल सिद्धान्त में ही नहीं, अपितु व्यवहार में भी सच्चे वेदांती हैं। जिन अछूत जातियों को बंगाली समाज स्पर्श करने में भी संकोच करता था उनकी बस्तियों में जाकर स्वामी जी ने स्वयं सफाई तथा रोकथाम कार्य

किया। उन्होंने एक सच्चे वेदांती का आदर्श स्थापित करते हुए दलितों-दुर्बलों की सेवा में ईश्वर के दर्शन किये। इस कार्य में उन्होंने अपने प्राणों की भी परवाह नहीं की।

## पुनः भ्रमण पर

सेवियर दम्पति इस समय अल्मोड़ा में थे। स्वामी जी पहले ही अपने यूरोपियन शिष्यों के साथ उत्तराखण्ड की यात्रा पर जाने का निश्चय कर चुके थे। कोलकाता में प्लेग का प्रकोप कम होने पर वह अल्मोड़ा को चल पड़े। पहले वह नैनीताल पहुंचे। इस समय खेतरी नरेश भी नैनीताल में ही थे। स्वामी जी यहां उन्हीं के आतिथ्य में रहे।

नैनीताल में एक दिन स्वामी जी के बाल्यकाल के मित्र योगेशचन्द्र दत्त उनसे मिलने आये। वह भारतीय युवकों को सिविल सर्विस की तैयारी के लिए इंग्लैण्ड भेजना चाहते थे। बातों ही बातों में उन्होंने स्वामी जी से कहा कि वे इस कार्य के लिए चन्दा एकत्र करने में उनकी सहायता करें। उनका यह प्रस्ताव सुनकर स्वामी जी सहसा गम्भीर हो गये और बोले, "योगेश! तुम भारी भूल कर रहे हो। ऐसे युवक भारत लौटकर यूरोपियनों के समाज में सम्मिलित हो जाएंगे, इसे निश्चित समझो। वे पगपग पर अंग्रेजों की नकल करेंगे तथा स्वदेश एवं स्वजाति के विषय में भूल कर भी विचार नहीं करेंगे।" इतना कहते हुए उनकी आंखों में आंसू आ गये।

## निवेदिता को दिव्य अनुभूति

नैनीताल से स्वामी जी अल्मोड़ा पहुंचे। वहां वह सेवियर दम्पति के मकान में रहने लगे। उनकी पाश्चात्य शिष्याएं पास में ही एक अन्य मकान में रहती थीं। स्वामी जी प्रातःकाल भ्रमण के लिए निकल पड़ते और वहां से लौटने पर शिष्याओं के घर में जाकर उन्हें उपदेश देते। उनके उपदेशों का मुख्य विषय भारत कल्याण होता। भगिनी निवेदिता संन्यास की दीक्षा लेने पर भी अपने पाश्चात्य संस्कारों से सर्वथा मुक्त नहीं हो पा रही थीं। अतः उन्हें कई बार स्वामी जी की आलोचना का पात्र बनना पड़ता था। सम्भवतः इससे उन्हें मानसिक कष्ट भी होता था। इस विषय में उन्होंने स्वयं लिखा है- "इस समय मेरी चिरसंचित धारणाओं पर नित्य ही आक्रमणों और तिरस्कारों की वर्षा होने लगी थी, जिसके लिए मैं कदापि तैयार नहीं थीं।

अनेक बार बिना किसी कारण दु:खी होना पड़ता था। मैंने अनुभव किया है कि अनुकूल भाव रखने वाले स्वामी जी के विषय में मेरी जो धारणा थी, वह लुप्त जैसी होने लगी थी और उसके स्थान पर एक ऐसे व्यक्ति की छाप पड़ने लगी जो उदासीन और विरोधी स्वभाव के थे। इस समय मैं जिस मानसिक यंत्रणा का सामना कर रही थी उसका विचार करने का प्रयत्न भी विडम्बना मात्र है।"

भगिनी निवेदिता की ऐसी मानसिक स्थिति अधिक दिन नहीं रही। एक रात्रि जब आकाश में द्वितीया का चन्द्रमा दिखायी दे रहा था, स्वामीजी निवेदिता से बोले, "देखो, मुसलमान नये चन्द्रमा का बड़ा सम्मान करते हैं। आओ आज इसके साथ हम भी नवीन जीवन का शुभारम्भ करें।" इतना कहते हुए उन्होंने भगिनी निवेदिता के मस्तक पर अपना हाथ रख दिया। उसी क्षण निवेदिता को एक दिव्य अनुभूति हुई। उनका सारा मानसिक सन्ताप जाता रहा तथा पाश्चात्य संस्कार विलीन हो गये। अपनी इस अनुभूति के विषय में वह लिखती हैं- "कई वर्ष पूर्व श्रीरामकृष्ण ने कहा था कि एक समय ऐसा आएगा, जब नरेन्द्र अपने स्पर्शमात्र से दूसरों में ज्ञान का संचार करने में समर्थ होगा। उनकी भविष्यवाणी सत्य सिद्ध हुई।"

अल्मोड़ा में अनेक लोग अपनी ज्ञानविषयक विभिन्न समस्याओं को लेकर स्वामी जी के पास आते रहते थे। स्वामी जी को एकान्त सेवन का अवसर नहीं मिल पाता था। इस सबसे कुछ समय के लिए वह ऊब गये थे। अत: वह निकटवर्ती वन में जाने लगे। वहां वह नित्य दस-ग्यारह घंटे एकान्त सेवन करते। एकान्त सेवन का यह क्रम एक सप्ताह तक चला।

5 जून 1898 की सायं एकान्त सेवन से वापस लौटने पर उन्हें अपने दो प्रियजनों की मृत्यु का समाचार प्राप्त हुआ। इनमें एक थे गाजीपुर के महान सन्त पवहारी बाबा और दूसरे श्री गुडविन जो अमरीका में उनके सम्पर्क में आये थे और उनके व्याख्यानों को आशुलिपि में लिखते थे। श्री गुडविन 2 जून को तीव्र ज्वर से उटकमण्ड में चल बसे थे। स्वामी जी एक वेदांती थे। जीवन और मृत्यु उनकी दृष्टि में माया का भ्रम था। अत: इन दु:खद समाचारों को उन्होंने बिना किसी प्रकार की प्रतिक्रिया व्यक्त किये शान्त भाव से सुना और मौन हो गये।

स्वामी जी की प्रेरणा से 'प्रबुद्ध भारत' पत्रिका का प्रकाशन आरम्भ हुआ था, जिसके सम्पादक श्री सिगरावेलु मुदलियार थे। कुछ दिन पूर्व उनका

निधन हो जाने से पत्रिका का प्रकाशन बन्द होने की स्थिति उत्पन्न हो गयी थी। स्वामी जी ने पत्रिका को अल्मोड़ा से प्रकाशित करने की व्यवस्था की। स्वामी स्वरूपानंद को उसका सम्पादक और श्री सेवियर को संचालक नियुक्त किया गया। इसके बाद श्रीमती बुल के अतिथि के रूप में वह कश्मीर भ्रमण के लिए चल पड़े।

कश्मीर यात्रा के आरम्भ में पहले वह रावलपिण्डी पहुंचें। वहां से तांगे में बैठकर मरी गये। मरी में तीन दिन रुकने के बाद बारामुला और वहां से एक हाउस बोट द्वारा नदी के मार्ग से 25 जून 1898 को श्रीनगर पहुंचे। इस यात्रा में उन्होंने अपनी शिष्याओं को कश्मीर के प्राचीन वैभव, धर्म-संस्कृति आदि के विषय में बताया।

कुछ दिन के श्रीनगर प्रवास के बाद स्वामी जी में एक विचित्र परिवर्तन देखने में आया। अभी तक वह प्रसन्नचित्त रहते थे, किन्तु वह किसी उनकी शिष्याओं ने अनुभव किया कि वह गम्भीर रहने लगे थे। वह किसी से कुछ कहे बिना नौका में बैठकर दूर निकल पड़ते। शिष्याओं को बड़ी चिन्ता हुई, किंतु उन्हें क्या पता था कि स्वामी जी उन्हें एक 'सरप्राइज' देना चाहते थे। वस्तुत: 4 जुलाई समीप आने वाली थी। इस दिन अमरीका का स्वाधीनता दिवस मनाया जाता है। स्वामी जी अपनी अमरीकी शिष्याओं को आश्चर्य में डालने के लिए एकान्त में तैयारियां करते रहे। चार जुलाई की प्रात: वह अपनी शिष्याओं को एक स्थान पर ले गये। वहां जाने पर उनकी अमरीकी शिष्याएं एक सुखद आश्चर्य में डूब गयीं। वहां पुष्पों-लताओं से सुशोभित एक नौका पर अमरीकी ध्वज लहरा रहा था। इस अवसर पर स्वामी जी ने एक स्वरचित कविता भी सुनायी।

## अमरनाथ यात्रा

6 जुलाई को कुमारी मैकलिऔड और श्रीमती बुल किसी कार्य से गुलमर्ग चली गयीं। वे वहां से दस जुलाई को श्रीनगर लौटीं, तो ज्ञात हुआ कि स्वामी जी बिना किसी को कुछ बतायें कहीं चले गये थे। सभी ने स्वामी जी की खूब खोज की, तो ज्ञात हुआ कि वह सोनमार्ग से होते हुए अमरनाथ की ओर चले गये थे, किन्तु वह अमरनाथ नहीं पहुंच सके, क्योंकि गर्मी के कारण बर्फ पिघल जाने से मार्ग बन्द हो चुका था। अत: 15 जुलाई को वह श्रीनगर लौट आये।

18 जुलाई को वह इस्लामाबाद पहुंचे। वहां उन्होंने प्राचीन मन्दिरों तथा अवन्तीपुर के भग्नावशेषों के दर्शन किये। इसके बाद वह अच्छावल पहुंचे। अच्छावल के कुछ दिन के प्रवास में वह अपनी शिष्याओं के साथ प्रात:काल झेलम के तट पर घूमने निकल पड़ते। इस भ्रमण के समय वह शिष्याओं को विभिन्न धर्मों की शिक्षाओं पर उपदेश देते रहते। कुछ दिन बाद स्वामी जी ने अमरनाथ जाने का निश्चय किया। भगिनी निवेदिता को भी उसके लिए आज्ञा मिल गई। तय हुआ कि स्वामीजी के अमरनाथ से लौटने तक अन्य शिष्याएं पहलगाम में रहेंगी।

निश्चित समय पर भगिनी निवेदिता को साथ लेकर स्वामी जी तीर्थ यात्रियों के दल के साथ तीर्थ यात्रा पर चल पड़े। पहले दिन की यात्रा में सन्ध्या समय यात्रियों ने एक मैदान में अपने-अपने तम्बू गाड़ लिये। उन्हीं के बीच स्वामी जी भी तम्बू लगाने का उपक्रम करने लगे, किन्तु तीर्थयात्री संन्यासियों ने इस पर आपत्ति की। वे नहीं चाहते थे कि स्वामी जी एक अंग्रेज महिला के साथ उनके बीच में रहे। इस पर बात बढ़ गयी। स्वामी जी वहीं तम्बू लगाने का हठ करने लगे, किन्तु अन्य संन्यासी विरोध कर रहे थे। तभी एक नागा साधु स्वामी जी के सामने आकर बोला, ''स्वामी जी! इसमें कोई सन्देह नहीं कि आप में शक्ति है, किन्तु उसे प्रकट करना उचित नहीं होगा।'' स्वामी जी को अपनी भूल की अनुभूति हुई। अत: वह मौन हो गये और उन्होंने अपना तम्बू अन्यत्र लगा लिया। दूसरे दिन न जाने किस प्रेरणा के वशीभूत होकर संन्यासियों ने उनका तम्बू स्वयं सबसे पहले अपने तम्बुओं के आगे लगा दिया। इसके साथ ही संन्यासी धूनी के समीप बैठकर उनके साथ धर्म पर चर्चा करने लगे और उन्होंने भगिनी निवेदिता के साथ भी बड़ा ही सदाशयतापूर्ण व्यवहार किया।

अमरनाथ यात्रा के मार्ग में स्वामी जी ने अन्य संन्यासियों के समान सभी नियमों का पालन किया। यद्यपि वह बहुत थक गये थे, किन्तु उन्होंने इसे प्रकट नहीं होने दिया क्योंकि उन्हें भय था कि यदि उनके साथी यह जान गये कि वह थक गये हैं, तो वे उन्हें आगे न जाने के लिए बाध्य करेंगे। अन्तत: 2 अगस्त 1998 को स्वामी जी अमरनाथ पहुंच गये। दूर से अमरनाथ गुफा के दर्शन होते ही सहयात्री भगवान महादेव का जय-जयकार करते हुए बर्फीले पानी में स्नान करने लगे। थक जाने के कारण स्वामी जी कुछ पीछे रह गये थे। निवेदिता को उनकी यह दशा देख बड़ी चिन्ता हो रही थी, किन्तु वह बोले, ''मैं स्नान करने जा रहा हूं। तुम पीछे आना।''

स्नान करने के बाद एक कोपीन धारण कर शरीर में भस्म लगाये स्वामी जी अमरनाथ की गुफा में गये। उन्होंने भूमि पर लेटकर भगवान अमरनाथ को प्रणाम किया। गुफा से बाहर आने के बाद उन्होंने सफेद कबूतरों के दर्शन किये। फिर वह भगिनी निवेदिता के साथ एक शिला पर बैठ गये। एक नागा साधु भी उनके साथ थे। स्वामी जी एक बालक के समान प्रसन्नता में भरकर कहने लगे-''आज मुझे साक्षात् शिव के दर्शन हुए। यहां यात्रियों को लूटने के लिए हाथ फैलाये पण्डे नहीं हैं, धर्म का व्यापार नहीं है, चित्त को दु:खी करने वाली कोई भी चीज नहीं हैं, यहां एक अनन्त आराधना का भाव है। अन्य किसी भी तीर्थ में मुझे ऐसे आनन्द की अनुभूति नहीं हुई।

इस यात्रा में स्वामी जी शारीरिक रूप में अस्वस्थता का अनुभव तो पहले से ही कर रहे थे, किन्तु उन्होंने किसी को कुछ नहीं बताया। वह इतने दुर्बल हो गये थे कि यात्रा में उन्हें हर समय भय लगा रहता था कि कहीं मूर्च्छित न हो जाएं, किन्तु अपनी अदम्य इच्छाशक्ति से वह किसी प्रकार स्वयं पर नियंत्रण रखे हुए थे। उनकी बायीं आंख में रक्त जमकर धब्बा पड़ गया था। इसके कुछ दिन बाद एक चिकित्सक ने उनका परीक्षण किया तो उन्हें हृदय रोग की शिकायत भी पायी गयी।

अमरनाथ से लौटने पर स्वामी जी पहले पहलगाम पहुंचे, जहां उनकी शिष्याएं रुकी हुई थीं। उन सबके साथ वह 8 अगस्त को पुन: श्रीनगर पहुंचे। यहां स्वामी जी में पुन: एकान्त के प्रति आसक्ति के दर्शन होने लगे। वह झील में नौका विहार करते समय अपनी नाव किसी निर्जन स्थान पर ले जाते। यदा-कदा वह कश्मीर नरेश के दरबार में भी जाते रहते। वहां वह भारत वर्ष के उत्थान तथा हिन्दू धर्म में व्याप्त अस्पृश्यता के विरोध में चर्चा करते। स्वामी जी 'जीवो जीवस्य जीवनाम्' के पक्षधर थे। वह थोथी अहिंसा की कभी वकालत नहीं करते थे। एक बार कश्मीर नरेश के दरबार में किसी ने उनसे पूछा, ''स्वामी जी! जब कभी कोई बलवान व्यक्ति किसी दुर्बल पर अत्याचार कर रहा हो तो हमें क्या करना चाहिए?'' ''ऐसे में बाहुबल का प्रयोग कर उस बलवान का सामना करना चाहिए'' स्वामी जी ने उत्तर दिया। उनका स्पष्ट मत था कि दुर्बलता और मूर्खता के होने पर क्षमा का कोई मूल्य नहीं है। सरलता से विजय प्राप्ति की सम्भावना होने पर ही क्षमा करना चाहिए। वह कहते थे कि जगत् एक रणक्षेत्र है। युद्ध करके अपना पथ साफ करो।

स्वामी जी कश्मीर में एक संस्कृत विद्यालय और मठ की स्थापना करना

चाहते थे। कश्मीर नरेश ने स्वामी जी को वचन दे दिया था कि वह इसके लिए जहां चाहे भूमि का चयन कर लें। स्वामी जी को झेहलम के तट पर एक स्थान पसन्द आ गया और कश्मीर नरेश के वचन से आश्वस्त होकर स्वामी जी की शिष्याएं वहां तम्बू लगाकर रहने लगीं। सितंबर में सरकार की ओर से उन्हें सूचित किया गया कि वह भूमि नहीं मिलेगी। इससे स्वामी जी को दु:ख हुआ या नहीं, किन्तु यह इतना अवश्य समझ गये कि उन्हें देशी राज्यों में नहीं ब्रिटिश भारत में रहकर कार्य करना चाहिए।

30 सितंबर को स्वामी जी अकेले ही क्षीरभवानी की ओर चले गये। उन्होंने अपनी शिष्याओं से कह दिया था कि कोई भी उनके साथ न आये। वहां वह क्षीरभवानी के तट पर एक अनुष्ठान करने लगे। एक दिन वह यज्ञवेदी के सामने भगवती का ध्यान लगाकर बैठे थे कि सहसा एक भग्न मन्दिर पर उनकी दृष्टि पड़ी। मां भगवती का वह मन्दिर मुसलमान आक्रान्ताओं ने ध्वस्त कर दिया था। स्वामी जी सहसा विचार करने लगे, "क्या उस समय हिन्दुओं में इतनी शक्ति नहीं रह गयी थी कि वे इस मन्दिर की रक्षा कर पाते। वह सोचने लगे कि यदि उस समय वह होते तो प्राणों की बाजी लगाकर भी मन्दिर की रक्षा करते। तभी उन्हें ऐसा लगा, जैसे मां उनसे कह रही है कि "तू मेरी रक्षा करता है या मैं तेरी रक्षा करती हूं।" दूसरे दिन स्वामी जी पुन: उस मन्दिर का पुनरुद्धार करने का विचार करने लगे। इस विचार के मन में आते ही उन्हें फिर लगा कि मां उनसे कह रही है–"यदि मैं चाहूं तो यहां पर सात मंजिला सोने का मन्दिर बना सकती हूं। मेरी इच्छा से ही यह भूमिसात हुआ पड़ा है।"

अत: स्वामी जी ने मन्दिर का विचार ही मन से निकाल दिया। वह शान्त भाव से श्रीनगर आ गये। उनकी शिष्याओं को यह देखकर बड़ी प्रसन्नता हुई कि स्वामी जी बड़े ही शान्त और प्रसन्नचित लग रहे थे। 13 अक्तूबर 1898 को स्वामी जी कश्मीर से लाहौर पहुंचे और 18 अक्तूबर को वहां से बेलुड़ आ गये।

स्वामी जी को अपने बीच में देखकर बेलुड़ के संन्यासी प्रसन्नता से झूम उठे, किन्तु स्वामी जी के स्वास्थ्य को देखकर उनकी प्रसन्नता क्षणिक सिद्ध हुई। उनका मुंह पीला पड़ गया था और बायीं आंख में रक्त जम गया था। उनकी यह दशा देख सभी का मन डूबने लगा। कई चिकित्सकों से परामर्श लिया गया। चिकित्सक भी चिन्तित हो उठे। उन्होंने स्वामी जी को

शरीर के प्रति उदासीन न रहने का परामर्श दिया, किन्तु उनका कहना था-"मैं क्या जानूं, जो मां की इच्छा होगी, वही होगा।"

मठ में आकर स्वामी जी उदासीन जैसे हो गये थे। विशेष अनुरोध पर उन्हें कोलकाता लाया गया। वहां वह बाग बाजार स्थित बलराम बाबू के मकान में रहने लगे। कुछ दिन बाद उनके स्वास्थ्य में कुछ परिवर्तन दिखायी देने लगा। वह उपने दर्शनार्थियों को धार्मिक उपदेश देने लगे और बीच-बीच में कभी-कभी बेलुड़ मठ भी जाते रहते। वह नये संन्यासियों को कर्त्तव्यबोध भी कराने लगे।

कुछ दिन बाद भगिनी निवेदिता भी कोलकाता आ गयीं और स्त्री शिक्षा के प्रचार-प्रसार में लग गयीं। उनके प्रयत्नों से बाग बाजार में एक बालिका विद्यालय की स्थापना का निर्णय लिया गया। 12 नवम्बर को मां शारदा बेलुड़ मठ आयीं। वहां काली पूजा करने के बाद वह भी स्वामी जी के साथ बाग बाजार के बालिका विद्यालय में आ गयीं।

9 दिसंबर 1898 की प्रात: स्वामी जी तथा उनके शिष्यों और गुरुभाइयों ने गंगा स्नान किया तथा काषाय वस्त्र धारण किये। इसके बाद नीलाम्बर बाबू के बगीचे वाले मकान में विशेष पूजा की गयी। स्मरणीय है कि श्रीरामकृष्ण के भस्मावशेषों का आधा भाग संन्यासियों ने यहीं रखा था। पूजा के बाद भस्मी के कलश को कंधे पर रखकर स्वामी जी बेलुड़ मठ की ओर चल पड़े। उनके पीछे शंख-घण्टे बजाते हुए अन्य संन्यासी भी चल पड़े। उस दिन बेलुड़ में महोत्सव मनाया गया। लोग श्रीरामकृष्ण का जय-जयकार कर रहे थे। वस्तुत: यह सब स्वामी जी के परामर्श से ही किया गया। श्रीरामकृष्ण उनसे कह गये थे -"तू मुझे प्रसन्नतापूर्वक जहां भी ले जाएगा, चाहे झोपड़ी हो या वृक्षों का समूह, मैं वहीं रहूंगा।"

श्रीरामकृष्ण के अस्थिशेष बेलुड़ मठ में एक वेदी पर स्थापित कर दिये गये। इस अवसर पर वह भजन-कीर्तन, यज्ञ आदि का आयोजन भी किया गया। स्वामी जी ने सभी को सम्बोधित करते हुए कहा, "बन्धुओं! आओ, हम मनसा, वाचा, कर्मणा लोक कल्याण हेतु अवतार धारण करने वाले अपने प्रभु से प्रार्थना करें कि वह इस पवित्र स्थान पर अनेक वर्षों तक रहें। अनके आशीर्वाद तथा सूक्ष्म आविर्भाव से यह मठ पुण्य क्षेत्र में परिवर्तित हो।"

## उद्बोधन का प्रकाशन

बेलुड़ मठ के कार्यों और उद्देश्यों को स्पष्ट करते हुए स्वामी जी का कहना था कि जहां रहकर संन्यासी भजन-कीर्तन और ज्ञानविषयक चर्चा करेंगे। यहां से विश्व कल्याण के लिए कार्य किया जाएगा। धर्म से सच्चा प्रेम करने वाले यहां आकर विश्व कल्याण पर चर्चा करेंगे। स्वामी जी कई दिनों से श्रीरामकृष्ण के उपदेशों और शिक्षाओं के प्रचार के लिए एक पत्रिका निकालने का विचार कर रहे थे। उचित समय जानकर उन्होंने इस विषय में सबसे परामर्श किया और बंगला भाषा में एक पाक्षिक पत्रिका निकालने का निर्णय लिया गया। इस पत्रिका का नाम 'उद्बोधन' रखना निश्चित हुआ।

स्वामी त्रिगुणातीतानन्द उद्बोधन के संचालक बनाये गये। 14 जनवरी 1899 में इसका प्रथम अंक प्रकाशित हुआ। इस पत्र के द्वारा संन्यासियों ने श्रीरामकृष्ण परमहंस की शिक्षाओं का प्रचार-प्रसार आरम्भ किया।

# द्वितीय विदेश यात्रा

स्वामी जी का स्वास्थ्य निरन्तर गिरता जा रहा था। उनके भक्त उन्हें विश्राम करने का परामर्श दे रहे थे, किन्तु बेलुड़ मठ में रहकर ऐसा करना सम्भव न था। अत: 19 दिसम्बर 1898 को स्वामी जी वैद्यनाथ चले गये थे। वहां वह प्रियनाथ मुखोपाध्याय के अतिथि बनकर रहे।

वैद्यनाथ में स्वामी जी को अस्थमा ने बड़ा कष्ट दिया। रोग का प्रकोप इतना बढ़ गया था कि उनका अन्त निकट दिखायी देने लगा, किंतु कुछ दिनों बाद प्रकोप शान्त हो गया। यहां स्वामी जी को एकान्त में ध्यानमनन करने का अवसर प्राप्त हुआ। वह प्रात: एवं सन्ध्या समय काफी देर तक घूमते तथा व्यायाम और अध्ययन करते।

## नया केंद्र बेलुड़ मठ

2 जनवरी 1899 को रामकृष्ण मिशन का कार्यालय श्री नीलाम्बर बाबू के मकान से बेलुड़ के नवनिर्मित भवन में स्थानान्तरित कर दिया गया। स्वामी जी इस समय वैद्यनाथ में ही थे। इसके दूसरे ही दिन वह बेलुड़ लौट आये। मठ का कार्य सुचारु रूप से चल रहा था। इससे उन्हें असीम सन्तोष की अनुभूति हुई। यद्यपि चिकित्सक उन्हें विश्राम करने का परामर्श दे रहे थे, किंतु अपने प्रारम्भ किये गये कार्य को देखते हुए उनके लिए विश्राम करना सम्भव न था।

बेलुड़ के मठ में आकर स्वामी जी ने अपने गुरु भाइयों की एक छोटी-सी सभा बुलायी और उनका आह्वान किया कि वे श्रीरामकृष्ण के सर्वधर्म समभाव के सिद्धान्तों का प्रचार-प्रसार करें। उनके परामर्श पर स्वामी प्रकाशानंद और स्वामी विरजानंद पूर्व बंगाल में जाकर प्रचार करने लगे। उनके प्रचार का केंद्र ढाका था।

जब स्वामी जी ने विरजानंद को ढाका भेजा और वहां जाकर श्रीरामकृष्ण के उपदेशों का प्रचार करने को कहा तो उनका कहना था कि वह कुछ नहीं जानते, अतः लोगों से क्या कहेंगे। इस पर स्वामी जी ने कहा "जाओ, वहां जाकर लोगों से यही कहो कि मैं कुछ नहीं जानता। यही एक महान सन्देश है।"

स्वामी विरजानंद स्वयं को इस कार्य के लिए असमर्थ अनुभव कर रहा था। उन्होंने पुनः कहा, "मैं कुछ दिन आपके साथ रहकर आत्मसाक्षात्कार करना चाहता हूं। मुझे कुछ दिन और साधना करने दीजिये, तभी मैं प्रचार कार्य कर पाऊंगा, "उनके इस कथन से स्वामी जी क्षुब्ध हो उठे और उन्हें डांटते हुए बोले, "स्वार्थी व्यक्ति की तरह अपनी ही मुक्ति के लिए प्रयत्न करने पर तुम नरक में जाओगे। यदि पूर्ण ब्रह्म का साक्षात्कार करना चाहते हो तो दूसरों की मुक्ति में सहायक बनो। आत्ममुक्ति की कामना को समूल नष्ट करना ही सर्वश्रेष्ठ साधन है।"

वस्तुतः स्वामी जी लोक कल्याण को संन्यासी का सर्वोपरि कर्त्तव्य मानते थे। वह नहीं चाहते थे कि संन्यासी केवल आत्मकल्याण की चिन्ता करें और समाज से विरक्त होकर उसका परित्याग कर दे। इसी उद्देश्य को दृष्टि में रखकर उन्होंने श्रीरामकृष्ण मिशन की स्थापना की थी। उन्होंने स्वामी विरजानन्द से पुनः कहा, "फल की इच्छा छोड़कर लोक कल्याण के मार्ग पर चल पड़ो। यदि इसके लिए नरक में भी जाना पड़े, तो कोई हानि नहीं।" इसके बाद कुछ देर के लिए वह ध्यानमग्न हो गये थे। फिर आंखें खोलकर उन्होंने कहा, "मैं अपनी शक्ति का तुम लोगों में संचार करूंगा। चिन्ता की कोई बात नहीं। ईश्वर सदा तुम्हारे साथ रहेगा।"

इसके बाद देश के विभिन्न भागों में प्रचार के लिए संन्यासी भेजे गये। स्वामी तुरीयानंद और सदानंद को गुजरात भेजा गया।

## स्वामी जी का राष्ट्रप्रेम

अनेक छात्र तथा उच्चशिक्षित व्यक्ति स्वामी जी के दर्शनों के लिए बेलुड़ आने लगे। चिकित्सकों ने उन्हें विश्राम करने का परामर्श दिया था, किंतु वह ऐसे परामर्श को कहां मानने वाले थे। वह युवकों का धर्म, दर्शन, इतिहास आदि की शिक्षा देते रहते। उनकी शिक्षा का मुख्य विषय राष्ट्र प्रेम होता। वह युवकों को देश सेवा की शिक्षा देते हुए कभी-कभी गम्भीर हो

जाते। उस समय उनकी आंखों में आंसू आ जाते। वह अंग्रेजी शिक्षा के दुष्प्रभाव, युवकों की चारित्रिक तथा शारीरिक दुर्बलता को देखकर दुःखी हो जाते। ऐसे अवसरों पर वह कहते, "मैं दो हजार वीर हृदय विश्वासपात्र, सच्चरित्र तथा बुद्धिमान युवकों तथा तीस करोड़ रुपये पास में होने पर भारत को आत्मनिर्भर कर सकता हूं।"

स्वामी जी के जीवन का एक ही लक्ष्य था- लोक कल्याण, जिसका श्रीगणेश वह मातृभूमि के कल्याण से करना चाहते थे। वह प्रतिपल इसी चिन्ता में डूबे रहते थे। एक दिन वह यों ही बेलुड़ मठ में टहल रहे थे। मठ में कुछ संन्यासियों को देखकर वह रुक गये और बोले, "सुनो! श्रीरामकृष्ण लोक कल्याण के लिए आये थे और इसी के लिए उन्होंने अपना त्याग किया। मुझे, तुम्हें- हर एक को इसी उद्देश्य के लिए अपने-अपने प्राणों का उत्सर्ग करना होगा। विश्वास करो, हमारे हृदय से निकली रक्त की प्रत्येक बूंद भविष्य में महान कर्मवीरों को जन्म देगी।"

स्वामी जी मानवता को सबसे बड़ा धर्म मानते थे। अतः वह संन्यासियों को मानव बनने की शिक्षा देते थे। वह प्रायः कहा करते थे- "मैं एक ऐसे धर्म का प्रचार करना चाहता हूं जिससे मनुष्य पैदा हो।" इस लक्ष्य को ध्यान में रखकर उन्होंने लम्बे-चौड़े व्याख्यान देना छोड़ दिया था और वह व्यावहारिक शिक्षा पर बल देने लगे थे। एक दिन उनके एक शिष्य ने पश्चिमी देशों में उनके भाषणों और भारत में भाषण न देने का कारण जानना चाहा तो वह बोले- "इस देश में पहले भूमिका तैयार करनी होगी। पश्चिमी देशों का वातावरण अनुकूल है। भोजन के अभाव में दुर्बल शरीर, दुर्बल मन तथा रोग-शोक, दुःख-दीनता की जन्मभूमि भारत में भाषण देकर क्या होगा? पहले कुछ ऐसे व्यक्ति तैयार करने हैं जो अपने घर-परिवार की चिन्ता न करते हुए परहित के लिए आत्मोत्सर्ग करने के लिए तत्पर हों। मठ की स्थापना कर मैं कुछ बाल संन्यासियों को इसके लिए तैयार कर रहा हूं, जो शिक्षा समाप्ति के अनन्तर घर-घर जाकर लोगों को देश की दीन-हीन दशा से अवगत कराएंगे। देश की उन्नति कैसे हो, यह समझाएंगे तथा धर्म के परम सत्य को लोगों को सरल भाषा में समझाएंगे... शिक्षाहीन, धर्मविहीन वर्तमान अधोगति के विषय में उन्हें समझाकर कहो- भाइयो! उठो जागो और कितने दिन सोये रहोगे। शास्त्रों के महान अर्थ को उन्हें सरल भाषा में समझा दो। इतने दिनों तक इस देश के धर्म पर ब्राह्मणों का एकाधिकार रहा। काल

के प्रवाह से अब वह समय नहीं रहा तो ऐसी व्यवस्था करो कि सभी लोग धर्म को ग्रहण कर सकें। सभी को समझा दो ब्राह्मणों की ही तरह उनका भी धर्म पर अधिकार है। ऊंच-नीच सभी को इस अग्निमन्त्र की दीक्षा दो। अन्यथा तुम्हारे अध्ययन को धिक्कार है... जाकर सभी को यह बात सुना दो कि उनमें अनन्त शक्ति है। उस शक्ति को जागृत करो। अपनी मुक्ति से क्या होगा, मुक्ति की कामना भी तो स्वार्थपरायणता की चरमसीमा है। पहले इस प्रकार की भूमिका तैयार करो। बाद में मुझे जैसे हजारों विवेकानंद भाषण देने के लिए संसार में जन्म लेंगे। इस विषय पर चिन्ता न करो...।"

स्वामी विवेकानंद एक परम राष्ट्रवादी संन्यासी थे। किंतु उनकी राष्ट्रीयता संकीर्णता के बन्धनों से सर्वथा मुक्त थी। देश के जन-जन की प्रसन्नता उनकी राष्ट्रीयता का सर्वोपरि लक्ष्य था। एक दिन 'हितवादी' पत्र के सम्पादक सखाराम गणेश देउस्कर अपने कुछ मित्रों के साथ स्वामी जी से मिलने आये, जिनमें एक पंजाब के रहने वाले थे। स्वामी जी ने उनसे पंजाब की स्थिति, वहां के जनजीवन आदि के बारे में पूछा और फिर बात भारत की दुर्दशा, देशप्रेम आदि पर खिंचती चली गयी। काफी देर तक इन्हीं विषयों पर चर्चा होती रही। स्वामी जी ने इस पर विस्तार से विचार व्यक्त किये और आगन्तुक लौटने लगे, तो देउस्कर महाशय के पंजाबी मित्र बोले "स्वामी जी! हम बड़ी आशा से आपके पास चर्चा हेतु आये थे और चाहते थे कि आप धर्म पर उपदेश दें, किंतु हमारे दुर्भाग्य से ऐसा नहीं हो सका तथा सामान्य सांसारिक विषयों पर ही चर्चा होती रही" यह सुनकर स्वामी जी गम्भीर हो उठे। उनका मुखमण्डल करुणा के भावों से भर उठा और वह बोले, "महानुभाव! जब तक मेरी जन्मभूमि का एक कुत्ता भी भूखा रहेगा, तब तक उसे भोजन देना ही मेरा धर्म है। इसके अतिरिक्त कुछ भी करना अधर्म है।" कहने की आवश्यकता नहीं कि स्वामी जी इस कथन से उक्त सज्जन इतने प्रभावित हुए कि उनसे कुछ कहते न बन पड़ा। भला अपनी मातृभूमि के एक कुत्ते से भी प्रेम करने की ऐसी उदात्त भावना स्वामी जी के अतिरिक्त किसकी हो सकती थी। स्वामी जी के तिरोभाव के बाद देउस्कर महाशय ने लिखा था कि स्वामी जी के इसी कथन से वह समझे थे कि वास्तव में देशप्रेम किसे कहते हैं।

## संन्यासियों का आदर्श

स्वामी जी दिसम्बर 1898 में ही पश्चिमी देशों की यात्रा पर जाना चाहते थे। उन्होंने इसके लिए 16 दिसम्बर को जाने का निर्णय भी ले लिया था, किंतु उनके स्वास्थ्य को देखते हुए उनके मित्रों ने उस समय उन्हें जाने का परामर्श दिया, क्योंकि जाड़े की ऋतु में इंग्लैण्ड की यात्रा करना स्वास्थ्य के लिए हानिकारक समझा गया। इधर ग्रीष्म में चिकित्सकों ने भी उन्हें यात्रा की अनुमति दे दी। अत: 19 जून 1899 को स्वामी जी के इंग्लैण्ड प्रस्थान का दिन निश्चिय किया गया। भगिनी निवेदिता भी बालिका विद्यालय के कार्य से उनके साथ इंग्लैण्ड जा रही थीं और स्वामी जी स्वामी तुरीयानंद को भी साथ ले जा रहे थे।

पाश्चात्य देशों की यात्रा में स्वामी तुरीयानन्द भाषण नहीं देना चाहते थे, किंतु स्वामी जी ने उनकी एक नहीं सुनी। इस पर वह निरुत्तर हो गये। वह अपने साथ कुछ वेदांत की पुस्तकें ले जाना चाहते थे, जिससे उन्हें भाषण देने में सहायता मिल सके। उन्होंने अपना यह विचार स्वामी जी के सामने रखा तो वह बोले, "उन्होंने शास्त्र व ग्रंथ बहुत देखे हैं। मैं उन्हें ब्राह्मण दिखाना चाहता हूं।"

19 जून को यात्रा पर चल पड़ने से पहले स्वामी जी ने बेलुड़ मठ में 'संन्यासियों का आदर्श' विषय पर व्याख्यान दिया। इसमें उन्होंने संन्यासियों के निम्नलिखित कर्त्तव्यों का उल्लेख किया–

1. संन्यासियों को परहित की कामना में आत्मबलिदान के लिए तैयार रहना चाहिए।
2. वर्तमान में गुफा में बैठकर ध्यान करते हुए देह त्याग करने की आवश्यकता नहीं है। आज श्रेय के पथ पर बढ़ते हुए मानव मात्र की मुक्ति हेतु सहायता करनी होगी।
3. संन्यासी गम्भीर ध्यान के साथ ही मठ की भूमि पर हल चलाने के लिए भी तैयार रहें। उन्हें शास्त्रों की मीमांसा के साथ ही मठ की भूमि में उत्पन्न अन्न को बाजार में ले जाकर बेचने के लिए तत्पर रहना होगा।
4. प्रत्येक संन्यासी याद रखेगा कि मठ का उद्देश्य 'मानव' तैयार करना है। हृदय स्त्री की तरह कोमल होते हुए भी शरीर व मन सुदृढ़ रहें। स्वाधीनता की इच्छा हो, किंतु विनम्रता बनी रहे। दृढ़चित्त होकर दूसरे के दु:ख में आंसू बहाने होंगे।

## यात्रा पर

19 जून को स्वामी जी बेलुड़ मठ से चल पड़े। 20 जून की प्रात: वह बाग बाजार में मां शारदा के दर्शनों के लिए गये। मां के दर्शनों के बाद दोपहर बाद वह प्रिनसेप घाट पहुंचे। वहां उन्हें विदा देने के लिए विशाल जनसमूह एकत्र था। सबसे विदा लेकर स्वामी तुरीयानंद और भगिनी निवेदिता के साथ स्वामी जी 'गोल-कुण्डा' जहाज से पश्चिमी देशों की यात्रा पर चल पड़े।

24 जून को जहाज मद्रास बन्दरगाह पहुंचा। कोलकाता में प्लेग का प्रकोप अभी शान्त नहीं हुआ था, अत: कोलकाता से आये किसी भारतीय को मद्रास (चेन्नई) में नहीं आने दिया जाता था। मद्रास के कई गणमान्य व्यक्तियों ने सरकार के पास पहले ही प्रार्थना-पत्र भेजा था कि स्वामी जी को चेन्नई में उतरने की अनुमति दी जाए, किंतु सरकार ने इसे अस्वीकार कर दिया था। अत: कई लोग बन्दरगाह पर पहुंच गये। स्वामी जी डेक पर खड़े थे। उन्होंने अपने भक्तों की नारियल आदि भेंटें वहीं स्वीकार कीं। चेन्नई के आलासिंगा पेरुमल स्वामी जी के साथ कुछ दिन रहने के लिए कोलम्बों तक उनके साथ गये।

चेन्नई से चल पड़ने के चार दिन बाद 'गोलकुण्डा, कोलम्बो पहुंचा। वहां विशाल जनसमूह ने स्वामी जी का भव्य स्वागत किया। वहां स्वामी जी ने एक बौद्ध बालिका विद्यालय का निरीक्षण किया। 28 जून की प्रात: यात्रा पुन: आरम्भ हुई।

## इंग्लैण्ड की भूमि पर

20 जून को कोलकाता से चल पड़ने के बाद स्वामी जी 31 जुलाई को लन्दन पहुंचे। टिलवेरी डाक पर उनके स्वागत के लिए उनके अनेक अंग्रेज शिष्य तथा दो अमरीकन शिष्याएं भी उपस्थिति थीं। ये अमरीकन शिष्याएं समाचारपत्रों में स्वामी जी के आगमन का समाचार पढ़कर यहां आयी थीं। सभी शिष्य स्वामी जी को सम्मानपूर्वक विम्बलडन ले गये, जहां उनके रहने की समुचित व्यवस्था की गयी थी। इस बार स्वामी जी ने लन्दन में कोई सार्वजनिक भाषण नहीं दिया। हां, जो भी धर्म-दर्शन सम्बन्धी जिज्ञासा को लेकर उनके पास आता था, उसकी समस्या का समाधान वह अवश्य करते थे।

## दूसरी बार अमरीका की भूमि पर

उन्हें बार-बार अमरीका आने के आमन्त्रण मिल रहे थे, अत: 16 अगस्त 1899 को स्वामी जी तुरीयानंद के साथ न्यूयार्क को चल पड़े। इस समुद्री यात्रा में स्वामी जी प्रात: गीता पाठ के बाद उसकी व्याख्या करते तथा कभी-कभी वैदिक ऋचाओं का पाठ भी होता।

स्वामी जी के न्यूयार्क पहुंचने पर लिंगेट दम्पति पहले ही उनका स्वागत करने के लिए उपस्थित थे। वे उन्हें अपने गांव ले गये, जो न्यूयार्क से प्राय: सदा दो सौ कि.मी. दूर था। स्वामी जी का स्वास्थ्य पहले जैसा नहीं रहा था। अत: लिंगेट दम्पति ने उनकी चिकित्सा की व्यवस्था की और उनसे अनुरोध किया कि वह प्रचार कार्य में भाग न लें।

प्राय: एक मास बाद भगिनी निवेदिता भी न्यूयार्क आ गयीं। स्वामी अभेदानंद पहले से ही अमरीका में प्रचार कार्य कर रहे थे। 15 अक्तूबर को स्वामी जी ने न्यूयार्क में वेदांत समिति के नये भवन का उद्‌घाटन किया और इसके एक सप्ताह बाद वह व्याख्यान देने लगे।

5 नवम्बर को स्वामी जी लिंगेट दम्पति के गांव से न्यूयार्क आ गये और प्रचार कार्य में संलग्न हो गये। उनके भाषणों से वहां का शिक्षित समाज भी अत्यधिक प्रभावित हुआ। अपने पूर्व प्रवास के परिचितों के आमन्त्रण पर वह न्यूयार्क के समीपवर्ती स्थानों में भी प्रचारार्थ गये। इसी क्रम में केलीफोर्निया जाते समय शिकागो के अपने प्रशंसकों के अनुरोध पर उन्हें अगली यात्रा स्थगित करनी पड़ी थी। शिकागो में उनके स्वागत की भारी तैयारियां की गयी थीं। कुछ दिन शिकागो में रहने के बाद दिसम्बर के प्रथम सप्ताह में वह केलिफोर्निया पहुंचे।

कैलिफोर्निया राज्य के लास एंजेल्स में स्वामी जी श्रीमती बोल्डगेट के घर रहे। उनकी शिष्या कुमारी मैक लियाड भी उन दिनों यहीं थीं। यहां भी अनेक व्यक्ति स्वामी जी के दर्शनों के लिये आते। वह प्रात:काल तथा दोपहर बाद लोगों की धर्म विषयक जिज्ञासाओं का शान्त करते। 8 दिसंबर को उन्होंने 'ब्लैन कर्ड बुक' नामक भवन में हजारों लोगों के सामने वेदांत पर भाषण दिया। यहां की जलवायु उनके स्वास्थ्य के अनुकूल थी, अत: स्वामी जी प्राय: नित्य ही विभिन्न स्थानों पर व्याख्यान देने लगे। इसके साथ ही वह सायंकाल कुछ शिष्यों को राजयोग की शिक्षा भी देते थे।

स्वामी जी से प्रभावित होकर लास एंजेल्स की एक संस्था 'होम ऑफ

ट्रुथ के' सदस्य उन्हें अपनी संस्था के भवन में ले गये। उन्होंने स्वामी जी के व्याख्यानों से प्रभावित होकर अनेक समाचार पत्रों ने उनकी प्रशस्ति में लेख लिखे।

फरवरी 1900 में ओकलैण्ड के 'यूनिटेरियन चर्च' के प्रधान के आमन्त्रण पर स्वामी जी व्याख्यान देने चर्च में गये। वहां उन्होंने आठ भाषण दिये। प्रतिदिन उनका भाषण सुनने के लिए हजारों व्यक्ति आते थे। स्थानीय समाचार पत्रों में उनके भाषणों की चर्चा होती रहती थी।

स्वामी जी के व्याख्यानों से प्रभावित होकर चर्च के प्रधान ने एक धर्म सभा का आयोजन किया, जिसमें राज्य के अनेक चर्चों के पादरी उपस्थित थे। इस सभा में स्वामी जी के भाषण से सभी अत्यन्त प्रभावित हुए। इस अवसर पर 'यूनिटेरियन चर्च' के प्रधान मिल महोदय ने कहा था-"वस्तुत: स्वामी जी की विद्वता अपने आप में अनूठी है। उनके व्यक्तित्व के सामने हमारे विश्वविद्यालय के बड़े-बड़े प्रोफेसर भी बालकों जैसे लगते हैं।

फरवरी के अन्त में स्वामी जी कैलिफोर्निया राज्य की राजधानी सान फ्रान्सिस्को पहुंचे। वहां के सम्भ्रान्त नागरिकों ने उनके रुकने की व्यवस्था 'टाकर स्ट्रीट' के एक बहुत बड़े भवन में की थी, जिससे वहां आने वालों को कोई असुविधा न हो। कुछ दिन बाद स्वामी जी ने 'गोल्डन गेट हाल' में हजारों श्रोताओं के समक्ष 'सार्वजनीन धर्म का आदर्श' विषय पर लगभग दो घण्टे तक भाषण दिया। इस भाषण की सभी ने मुक्त कण्ठ से प्रशंसा की थी।

इस अवधि में स्वामी जी अत्यधिक व्यस्त रहे। वह प्रात:काल छात्रों को योग की शिक्षा देते, इसके बाद धर्म चर्चा होती और तीसरे प्रहर भाषण देते। मार्च 1900 में उन्होंने बुद्ध, कृष्ण, ईसा, मोहम्मद आदि महापुरुषों पर भाषण दिये। जनता के अनुरोध पर वह राज योग पर भी व्याख्यान देते रहते थे।

अप्रैल में केलिफोर्निया राज्य के अनेक नगरों में वेदांत समिति तथा प्रचार केन्द्रों की स्थापना की गई। लास एन्जल्स में स्वामी जी की शिष्या वेदांत की कक्षाएं लेती थीं। वहां से स्वामी जी को निमन्त्रण प्राप्त हो रहे थे, किन्तु इस समय वह सान फ्रन्सिस्को के समीपवर्ती नगरों में प्रचार कार्य कर रहे थे। कुछ ही दिन पूर्व सानफ्रान्सिस्कों में वेदांत समिति की स्थापना की गई थी, जिसके सभापति डॉ. एम. एच. लोगन थे। समिति के कार्यकर्ता चाहते थे कि इसमें किसी भारतीय संन्यासी को अवश्य रहना चाहिए। स्वामी जी का वहां बने रहना संभव नहीं था। अत: उन्होंने अपनी यह

समस्या स्वामी जी के सामने रखी। स्वामी जी ने तुरीयानंद को वहां आने के लिए लिखा। तुरीयानंद न्यूयार्क समिति का कार्य देख रहे थे, अत: वह उस समय वहां नहीं आ सके।

दिसंबर में कुमारी मिन्नी सी-बुक ने स्वामी जी के प्रचार कार्य के मठ हेतु 160 एकड़ भूमि दान कर दी। इसी भूमि पर 'शान्ति आश्रम' की स्थापना की गयी।

वसन्त ऋतु में स्वामी जी केम्प टेलर नामक गांव में विश्राम करने चले गये। प्राय: बीस दिन वहां रहने के बाद वह पुन: सानफ्रान्सिस्को आ गये। इस समय उनका स्वास्थ्य पुन: दुर्बल हो गया था। उनके प्रशंसक डॉक्टर विलियम फास्टर उनकी चिकित्सा करने लगे। शिष्यों ने उनसे भाषण न देने का अनुरोध किया। किन्तु उनके लिए ऐसा करना संभव न था। मई 1900 में उन्होंने गीता पर चार व्याख्यान दिये। इसी माह उन्हें लन्दन के लिंगेट दम्पति का पत्र मिला, जिसमें उनसे जुलाई में पेरिस पहुंचने का अनुरोध किया गया था। इसके साथ ही पेरिस में होने वाली धार्मिक सभा की स्वागत समिति का भी एक पत्र उन्हें प्राप्त हुआ, जिसमें उन्हें सभा में भाषण देने के लिए आमन्त्रित किया गया था।

इसके बाद स्वामी जी न्यूयार्क आ गये और वेदांत समिति के भवन में रहने लगे। 17 जून 1900 को निवेदिता ने 'हिन्दू नारी के जीवन का आदर्श' विषय पर भाषण दिया। इस अवसर पर अनेक सम्भ्रान्त परिवारों की महिलाएं उपस्थित थीं।

3 जुलाई को स्वामी जी ने, ''जाओ वीर, कैलिफोर्निया में आश्रम की स्थापना करो और वेदांत की पताका फहराओ। आज से भारत की चिन्ता भूल जाओ। आदर्श जीवन बिताओ'' कहते हुए तुरीयानंद को कैलिफोर्निया भेज दिया और स्वयं डिट्राइट चले गये। एक सप्ताह वहां रहने के बाद वह वापस न्यूयार्क लौट आये। दस दिन न्यूयार्क में रहने के बाद 20 जुलाई को वह पेरिस के लिए चल पड़े।

## पेरिस धर्म सभा में

पेरिस में स्वामी जी पहले लिंगेट दम्पति के साथ रहे। कुछ दिन बाद वह श्रीमती ओलीबुल के आमन्त्रण पर उनके घर लानियोन गये। वहां उनका परिचय प्रख्यात दार्शनिक जूल बोआ से हुआ। उनके साथ रहकर स्वामी जी ने फ्रैंच सीखी।

शिकागो धर्मसम्मेलन से प्रेरणा पाकर पेरिस प्रदर्शनी के आयोजक ऐसा ही सम्मलेन आयोजित करना चाहते थे। पहले इसकी तैयारियां भी हो चुकी थीं। शिकागो सम्मेलन में केथोलिकों को अपने प्रचार में मुंह की खानी पड़ी थीं। अत: उनकी आपत्ति के कारण पेरिस में सम्मेलन नहीं हो सका। फिर भी एकसामान्य धर्म सभा हुई। इस सभा में केवल धर्मों के इतिहास तथा तथ्यों का अनुसन्धान ही किया जा सकता था। अध्यात्म या दर्शन पर चर्चा नहीं हो सकती थी। स्वामी जी को इस सभा में सादर आमन्त्रित किया गया था। अपने भाषण के विषय में उन्होंने संक्षेप में पहले ही प्रकाशित करा दिया था- "वैदिक धर्म- अग्नि, सूर्य आदि प्राकृतिक जड़ पदार्थों की पूजा से उत्पन्न हुआ है, ऐसा मत पाश्चात्य संस्कृतज्ञों का है।"

उन्होंने स्पष्ट कर दिया था कि वह इसी विषय पर भाषण देंगे। अवस्थता के कारण वह अपना लिखित भाषण तैयार नहीं कर सके। निश्चित समय पर वह धर्म सभा में गये। सभा में जर्मन विद्वान ओपर्ट ने अपना एक निबन्ध पढ़ा, जिसमें उसने सिद्ध करने का प्रयत्न किया कि भारत में शालिग्राम और शिवलिंग की पूजा क्रमश: उत्पत्ति के प्रतीक योनि और लिंग की पूजा है। इस मत का खण्डन करते हुए स्वामी जी ने कहा- "शिवलिंग को मनुष्य के लिग से जोड़ने के विषय में कुछ विचारहीन मत प्रचलित हैं किंतु शलिग्राम के सम्बन्ध में इस प्रकार की अवधारणा मैं आज ही सुन रहा हूं। शिवलिंग पूजा की उत्पत्ति का मूल अथर्ववेद का यूपस्तम्भ स्तोत्र है। इस स्तोत्र में अनादि अनन्त स्तम्भ या स्कम्भ का वर्णन है और कहा गया है कि यह स्कम्भ ही ब्रह्म है। यज्ञ की अग्नि शिखा धूम, सोमलता और यज्ञ समिधाओं को ले जाने वाला वृषभ आदि शिव के साथ परिवर्तित रूप में मान लिये गये हैं... लिंगादि पुराण में इसी वार्तालाप के प्रसंग में महास्तम्भ की महिमा और महादेव की व्याख्या की गयी है।... बौद्ध स्तूप का दूसरा नाम धातु गर्भ है। स्तूप के मध्य शिला करण्ड में शिक्षुओं की अस्थियां रखी जाती थी। उसके साथ सोना आदि भी गाड़ दिये जाते थे। अस्थि भस्म रखने की इसी शिला का प्रतीक शालिग्राम शिला है। यह बौद्धधर्म की पूजा बाद में वैष्णवों ने अपना ली... शालिग्राम के विषय में यौन व्याख्या पहले कभी नहीं सुनी गयी थी। शिवलिंग के विषय में यौन व्याख्या बहुत बाद में प्रचलित हुई। यह भी उस समय जब बौद्धधर्म पतनोन्मुख हुआ। उस समय का घोर बौद्ध तन्त्र नेपाल और तिब्बत में विशेष रूप से प्रचलित है।"

अपने दूसरे भाषण में स्वामी जी ने भारतीय सभ्यता, दर्शन ज्योतिष आदि पर ग्रीक प्रभाव का खण्डन किया। उन्होंने कहा कि यदि निष्पक्ष होकर अध्ययन किया जाए, तो स्पष्ट हो जाएगा कि भारत के प्राचीन साहित्य पर लेशमात्र भी ग्रीक प्रभाव नहीं है, अपितु अनेक अंशों में ग्रीस के निवासियों ने ही भारतीय साहित्य से प्रेरणा ली।

पेरिस प्रदार्शनी में स्वामी जी का विभिन्न क्षेत्रों के विश्वविख्यात व्यक्तियों से परिचय हुआ, जिनमें एडिनबरा विश्वविद्यालय के प्रोफेसर पोट्रिकगेरिस अभिनेत्री सारा बनहर्ड, पादरी पेयर या स्यन्थ, गायिका मैडम केलवे राजकुमारी डेमिडफ, सर जगदीशचन्द्र बसु आदि के नाम विशेष रूप से उल्लेखनीय हैं।

## कंस्टैंटिनोपल में

प्राय: तीन मास पेरिस में रहने के बाद स्वामी जी ने 24 अक्तूबर को वियना के लिए प्रस्थान किया। वहां अनेक प्राचीन ऐतिहासिक स्थलों के दर्शन करने के बाद वह हंगरी, सर्विय, रूमानिया, बल्गारिया होते हुए कंस्टैंटिनोपल पहुंचे। यहां पहुंचने के दूसरे दिन वह नगर में घूमने गये। पेरिस में प्रसिद्ध तोप निर्माता हिरम मैक्सिम से उनका परिचय हुआ था। स्वामी जी उनका एक परिचय पत्र साथ लाये थे, जिससे यहां अनेक व्यक्तियों से उनका परिचय हुआ।

कंस्टैंटिनोपल में स्वामी जी तथा उनके एक अन्य साथी पादरी लयसन भाषण देना चाहते थे, किंतु उन्हें इसकी अनुमति नहीं मिली। फिर भी कुछ उच्च शिक्षित लोगों ने स्वामी जी को अपने घरों पर आमन्त्रित किया। जहां उन्होंने प्रश्नोत्तर सभाओं का आयोजन किया।

इसके बाद वह एथेन्स पहुंचे। एथेन्स से स्वामी जी मिस्त्र गये। मिस्त्र के केरो नगर के म्यूजियम में उन्होंने अनेक महत्त्वपूर्ण प्राचीनकाल की वस्तुएं देखी। मिस्त्र से वह भारत वापस आने का विचार कर ही रहे थे। कि उन्हें सेवियर महोदय के निधन का दारुण समाचार मिल गया। अत: मैडम केलवे, बोआ, मैक लिऔड आदि से विदा लेकर वह भारत की ओर चल पड़े।

स्वामी जी से पश्चात्य कलाकार सभी अत्यधिक प्रभावित हुए। उनके प्रभाव के विषय में यूरोप की विख्यात गायिका मैडम केलवे ने लिखा था–

"मेरे लिए परम सौभाग्य और आनन्द का विषय है कि मुझे एक ब्रह्मज्ञानी के सम्पर्क में आने का अवसर मिला। वह एक अत्यन्त उदार सज्जन, दार्शनिक और विश्वस्त मित्र हैं। मेरे धार्मिक जीवन पर उनका अमिट प्रभाव पड़ा- मेरी आत्मा सदा उनकी कृतज्ञ रहेगी। वह असाधारण व्यक्तित्व एक वेदांती संन्यासी हैं। जनसामान्य उन्हें विवेकानंद के नाम से जानता है- मैंने स्वामी जी से मिलने का संकल्प कर लिया... नियत समय पर मैं उनके आवास पर पहुंची... वह मेरे जीवन के सभी गुप्त अभिप्राय: और मेरी अशान्ति के कारणों को अत्यन्त सहज भाव से बताने लगे, जिनके बारे में मेरे अतरंग मित्र भी नहीं जानते थे... विदाई के समय वह बोले, "पिछली बातें भूलने की चेष्टा करो, चित्त को सदा प्रसन्न रखो। यत्नपूर्वक स्वास्थ्य की रक्षा करो। मौन रहकर अपने दु:खों के कारणों को हृदय में छिपाकर न रखो। रोके हुए भावों के आवेग को निकाल दो। तुम संगीत में कुशल हो, जिसके लिए ऐसा करना आवश्यक हैं।

"मैं उनके शब्दों तथा प्रभावशाली व्यक्तित्व के असाधारण प्रभाव से अभिभूत हो उठी और लौट आयी। मैंने अनुभव किया कि जो समस्याएं अस्वाभाविक उत्तेजना से मेरे मन को व्याकुल कर रही थीं। वे लुप्त हो गयी और उनके स्थान पर स्वामी जी सरल शान्त भावों का प्रभाव प्रवाहित होने लगा। मैं नवीन भावों से पुलकित हो उठी। यह सब उन्हीं की असीम इच्छाशक्ति का प्रभाव था। उन्होंने तथाकथित किसी सम्मोहन का मुझ पर प्रयोग नहीं किया, अपितु यह अनेक चरित्रबल पवित्र शिव संकल्प का प्रभाव था।

# अन्तिम आलोक

मिस्त्र से भारत की ओर चल पड़ने के विषय में स्वामी जी ने किसी को कुछ नहीं बताया। कदाचित् वह अस्वस्थ होने के कारण अथवा सेवियर महोदय के निधन के दु:ख से भाषण आदि चक्कर में नहीं पड़ना चाहते थे। उन्होंने अपनी यात्रा गुप्त रखी। मुम्बई बन्दरगाह पर उतरने के तुरन्त बाद वह कोलकाता के लिए चल पड़े।

## बेलुड़ मठ में

9 दिसम्बर 1900 की रात्रि स्वामी जी बेलुड़ स्थित मठ पहुंचे। उस समय मठ के संन्यासी भोजन करने जा रहे थे। तभी मठ के माली ने सूचित किया कि कोई व्यक्ति अन्दर आना चाहता है। मठ का मुख्य द्वार बन्द था। माली चाबी लेकर द्वार खोलने के लिए गया, तो उसने देखा कि आगन्तुक (स्वामी जी) अपनी गाड़ी में नहीं हैं। उधर स्वामी जी दीवार फांदकर भोजनालय में जा पहुंचे। उन्होंने अपनी टोपी कुछ आगे खींच ली। लोगों की समझ में नहीं आया कि कौन आया है। दीपक हाथ में लेकर स्वामी प्रेमानंद ने देखा, तो सहसा उन्हें विश्वास ही न हुआ कि वह इस प्रकार बिना किसी को कुछ बताये आ जाएंगे। बच्चों की तरह हंसते तो फिर रात भर भोजन नहीं मिलेगा, अत: दीवार फांदकर आ गया। बहुत भूख लगी है; कुछ खाने को दो।

स्वामी जी को अपने बीच में देखकर मठ संन्यासियों की प्रसन्नता की सीमा न रही। सभी ने उनके साथ बैठकर खिचड़ी खायी और काफी देर तक बातें करते रहे।

## बाह्य पूजा का प्रश्न

सेवियर महोदय की मृत्यु का स्वामी जी को भारी दु:ख था। उनकी मृत्यु के बाद मायावती आश्रम की व्यवस्था का प्रश्न भी महत्त्वपूर्ण था और

श्रीमती सेवियर को सान्त्वना देने की औपचारिकता भी पूरी करनी थी। अत: 27 दिसम्बर को वह मायावती के लिए चल पड़े। वह कोलकाता से कुमाऊं की पहाड़ियों के प्रवेश द्वार से काठगोदाम पहुंचे। तब तक मौसम अत्यधिक ठण्डा हो चुका था। निकटवर्ती पहाड़ियों पर बर्फ गिरनी आरम्भ हो गयी थी। काठगोदाम में भी ओले गिरे थे। स्वामी जी पहले से ही अस्वस्थ चल रहे थे। इससे उन्हें भारी कष्ट हुआ।

स्वामीजी किसी प्रकार मायावती आश्रम में पहुंचे। उन्होंने आश्रम के कार्य का निरीक्षण किया। उनकी अस्वस्थता को देखकर आश्रम के समस्त कार्यों का उत्तदायित्व स्वामी स्वरूपानन्द ने अपने ऊपर ले लिया।

स्वामीजी को आश्रम का एकान्त बहुत प्रिय लगा। वह अपना शेष जीवन इसी आश्रम में व्यतीत करना चाहते थे। एक बार उन्होंने अपने शिष्यों से कहा था– "सभी प्रकार के अन्य कार्यों को छोड़कर मैं अपना शेष जीवन अब इसी आश्रम में व्यतीत करूंगा। पूर्णतया एकाग्रचित और स्थित होकर अध्ययन करूंगा तथा पुस्तकें लिखूंगा। एक बालक की तरह सानन्द सरोवर के तट पर घूमता फिरूंगा।"

स्वामी जी स्वयं भी अपने स्वास्थ्य के विषय में अवगत हो चुके थे कि अब वह प्रचार–भाषण आदि कार्य पहले की तरह नहीं कर पाएंगे। एक दिन श्रीमती सेवियर से उन्होंने कहा था– "वस्तुत: अब मेरा स्वास्थ्य क्षीण हो चुका है, किंतु मस्तिष्क अब भी पूर्ववत् सक्रिय है।"

मायावती आश्रम के एक कक्ष संन्यासियों ने श्रीरामकृष्ण की मूर्ति स्थापित की थी और वे उसकी नित्य पूजा करते थे। स्वामी जी इससे सहमत न थे। संन्यासियों द्वार इस प्रकार की बाह्य पूजा देख स्वामी जी को लगा कि वे (संन्यासी) श्रीरामकृष्ण के वास्तविक उद्देश्य से भटक गये हैं। वह पहले ही स्पष्ट कर चुके थे कि आश्रम में बाह्य पूजा न की जाए। अत: अस्वस्थ होते हुए भी उन्होंने एक सांय सभी संन्यासियों के सामने पुन: कहा कि साकार (बाह्य) पूजा न की जाए। बाह्य पूजा को विरोध करने पर भी उन्होंने उस कमरे से मूर्ति का उठा लेने के लिए नहीं कहा। कदाचित् वह इस प्रकार की कठोर आज्ञा से किसी के मन को दु:खी नहीं करना चाहते थे। श्रीमती सेवियर और स्वरूपानन्द ने स्वामी जी का आशय समझकर श्रीरामकृष्ण की नियमित पूजा बन्द करा दी। आश्रम के सभी संन्यासी इस निर्णय से सहमत हो गये थे, किंतु

एक व्यक्ति के मन में शंका बनी रही। वह अपनी शंका का समाधान कराने के लिए मां शारदा के पास गया। मां शारदा ने उसे बताया कि श्रीरामकृष्ण अद्वैतवादी थे, उन्होंने सदा अद्वैत साधना का ही प्रचार किया अतः उनके प्रत्येक शिष्य को अद्वैतवादी होना चाहिए।

महापुरुषों का व्यवहार कभी-कभी वज्र जैसा कठोर दिखायी देता है, किंतु उनकी इस कठोरता के भीतर उनकी पुष्प के समान मृदुता छिपी रहती है। एक दिन मायावती आश्रम में दोपहर के भोजन में कुछ देरी हो गयी। स्वामी जी सभी को डांटने लगे। वह स्वामी विरजानंद को डांटने के लिए रसोईघर में गये। वहां जाकर देखा कि विरजानंद गीली लकड़ियों को जलाने की चेष्टा कर रहे हैं और धुएं से उनकी आंखें लाल हो गयी हैं। स्वामी जी वहां से लौट आये। कुछ देर बाद उनके सामने भोजन लाया गया, तो वह बालक की तरह रूठते हुए बोले, "ले जाओ इस सबको यहां से मैं नहीं खाऊंगी।" शिष्य उनके स्वभाव से परिचित थे, अतः भोजन उनके सामने रखकर प्रतीक्षा करने लगे। कुछ समय बाद स्वामी जी रूठे बच्चे की तरह मुंह बनाकर भोजन करने लगे।

## रानाडे की आलोचना

कांग्रेस का 1900 का अधिवेशन लाहौर में हुआ था। इसकी अध्यक्षता करते हुए न्यायमूर्ति गोविन्द महादेव रानाडे ने संन्यासियों के लिए ब्रह्मचर्य की अनिवार्यता की आलोचना की थी। उन्होंने कहा था कि वैदिक युग में जाति प्रथा का अभाव था, अनेक विवाहित ऋषि ही समाज के नेता होते थे तथा संन्यासी नहीं होते थे। उनका यह भी कहना था कि उस युग में स्त्री-पुरुष सभी स्वतन्त्र थे, कठोर संयम जैसी कोई भावना नहीं थी। मानव जीवन के सुखों का सभी पूरी तरह उपभोग करते थे। श्री रानाडे ने यह भी कहा था कि सिख धर्म के सभी गुरु विवाहित थे।

श्री रानाडे के तर्कों के विरोध में मायावती आश्रम में स्वामी जी ने "श्री रानाडे के भाषण की समालोचना" नामक निबन्ध लिखा जिसमें उन्होंने स्पष्ट किया कि विवाहित तथा ब्रह्मचारी धर्मचार्य उतने ही प्राचीन हैं, जितने कि वेद। इस निबन्ध में उन्होंने श्री रानाडे के तर्कों का प्रबल खण्डन किया तथा संन्यास की महत्ता का प्रतिपादन किया।

## ढाका में

मायावती आश्रम में ठण्ड के कारण स्वामी जी प्राय: एक कमरे में बन्द रहते थे। अत: 24 जनवरी 1901 को वह वहां बेलुड़ लौट आये। मठ का कार्य समुचित रूप से चल रहा था। स्वामी जी के पास ढाका से कई पत्र आ चुके थे, जिनमें उनसे ढाका पहुंचने का अनुरोध किया गया था। उनकी मां बंगाल और असम तीर्थों की यात्रा करना चाहती थीं, अत: 18 मार्च 1901 को वह अपनी मां और उनकी साथी कुछ अन्य महिलाओं को लेकर ढाका के लिए चल पड़े। नारायणगंज पहुंचने पर उनके स्वागत हेतु गठित समिति के कई सदस्यों ने उनका स्वागत किया। वहां से ढाका पहुंचने पर भी स्टेशन पर अनेक गणमान्य व्यक्ति उपस्थित थे। स्वामी जी को देखते ही उपस्थित जनसमुदाय 'श्रीरामकृष्ण की जय' के नारे लगाने लगा। वहां से भव्य शोभायात्रा के साथ उन्हें जमींदार गोपीमोहन दास की हवेली में ले जाया गया।

ढाका से 25 मार्च को स्वामी जी ब्रह्मपुत्र में स्नान के लिए गये। ढाका में अनेक उनके दर्शनों के लिए आते थे तथा धर्म, दर्शन आदि विषयों पर चर्चा होती रहती थी। 30 मार्च को जगन्नाथ कॉलेज में एक विशाल सभा में उन्होंने 'मैंने क्या सीखा' विषय पर एक घण्टे तक भाषण दिया। इसके दूसरे दिन उन्होंने पोगज स्कूल में 'मेरा जन्मजात धर्म' विषय पर 2 घण्टे तक भाषण दिया। अपने इन दोनों भाषणों में उन्होंने ब्रह्मसमाज की नीतियों की आलोचना की। ब्रह्मसमाज के मूर्तिपूजा विरोधी दृष्किोण की आलोचना करते हुए उन्होंने कहा- 'यदि मूर्ति पूजा में अनेक प्रकार के कुविचार भी आ गये हों, तो भी मैं उसकी निन्दा नहीं करता... यदि तुम निराकार की उपासना के योग्य हो, तो ऐसा ही करो, किन्तु दूसरों को गाली क्यों देते हो? ब्रह्मसमाजी एक स्वतन्त्र सम्प्रदाय का निर्माण करना चाहते हैं, यह एक महत्त्वपूर्ण कार्य है, उन पर भगवान आशीर्वाद की वर्षा करें, किंतु तुम स्वयं को अलग क्यों करना चाहते हो? स्वयं को हिन्दू कहने से लज्जित क्यों होते हो? इनके अतिरिक्त अन्य प्राचीन सम्प्रदाय हैं, जो कहते हैं, कि हम आपकी लम्बी चौड़ी बातें नहीं समझते और न समझना चाहते हैं, हम ईश्वर को चाहते हैं, आत्मा को चाहते हैं... जिनका कहना है कि शिव राम आदि में किसी के प्रति भी ईश्वर बुद्धि से उपासना करने पर मुक्ति मिलती है, मैं इसी प्राचीन सम्प्रदाय का हूं।"

ढाका में एक दिन सजी-धनी वेश्या स्वामी जी से मिलने आयी। उसकी मां उसके साथ थी। बाहर खड़े लोगों की समझ में नहीं आया कि वेश्या को

स्वामी जी के पास जाने चाहिए या नहीं। इस विषय में ज्ञात होते ही स्वामी जी ने उन्हें अन्दर बुलाया। स्वामी जी को प्रमाण करने के बाद दोनों खड़ी हो गयीं। स्वामी जी ने अत्यन्त स्नेह से बैठने के लिए कहा। वेश्या दमा से ग्रस्त थी। उसकी मां ने स्वामी जी उसे इस रोग से मुक्ति दिलाने का अनुरोध किया तो वह बोले, "मां मैं स्वयं दमा से ग्रस्त हूं, मैं अपना रोग ही ठीक नहीं कर पाता। यदि मेरे वश में होता तो आपका रोग दूर कर देता।" स्वामी जी प्रणाम कर दोनों चली।

स्वामी जी सभी जाति धर्म के व्यक्तियों से भोजन ग्रहण करते थे। ढाका के कट्टर हिन्दू इसे अनुचित समझते थे। इस विषय में एक दिन स्वामी जी ने कहा- "मैं एक फकीर-संन्यासी हूं, फिर मुझे जाति-धर्म से क्या लेना। शास्त्र कहते है कि संन्यासी भिक्षा पर जीवित रहता है, यहां तक कि उसके लिए परधर्मी से भिक्षा मांगना भी वर्जित नहीं है।"

ढाका से एक स्वामी जी प्रख्यात गृहस्थ सन्त नाग महाशय की जन्मस्थली देवभोग गये। नाग महाशय का दिसम्बर 1899 में देहावसान हो गया था। स्वामी जी ने उन्हें देवभोग आने का वचन दिया था, किंतु उनके जीवन काल में  वह नहीं आ सके थे। नाग महाशय की पत्नी ने स्वामी जी के लिए स्वयं भोजन बनाया और एक वस्त्र भेंट किया। भोजन करने के बाद उस वस्त्र की पगड़ी बांधकर स्वामी जी ढाका लौट आये।

## कामाख्या आदि की यात्रा

ढाका से ही स्वामी जी अस्वस्थ चल रहे थे। उनका रोग बढ़ता जा रहा था, फिर भी वह कामाख्या पीठ की यात्रा पर चल पड़े। अस्वस्थता के कारण उन्हें कुछ दिन गोआलपाड़ा और गोहाटी में रुकना पड़ा। गोहाटी में उन्होंने भाषण भी दिये। इसके बाद वह कामाख्या और चन्द्रनाथ के दर्शनों के लिए गये। वहां से पुन: गोहाटी लौटते समय उनकी दशा चिन्ताजनक हो गयी थी। सभी के परामर्श पर वह जलवायु परिवर्तन के लिए गौहाटी से शिलांग गये।

असम के चीफ कमिश्नर सर हेनरी काटन स्वामी जी के बड़े प्रशंसक थे, उनके विशेष अनुरोध पर स्वामी जी ने यूरोपियन समुदाय के समक्ष शिलांग में एक भाषण भी दिया। सर काटन ने इसके लिए स्वामी जी के प्रति कृतज्ञता व्यक्त की। इसके बाद एक दिन वह स्वयं स्वामी जी से मिलने

आये। बातों ही बातों में उन्होंने पूछा, "स्वामी जी अमरीका, यूरोप आदि घूमने के बाद आप इन वनों में क्या देखने आये हैं?"

स्वामी जी ठहाके मारकर हंस पड़े और उन्हें आलिंगन में लेकर बोले, "जहां आप जैसे ऋषि रहते हैं, वह तीर्थ स्थान है, मैं तीर्थ के दर्शनार्थ आया हूं।"

सर हेनरी काटन के कहने पर शिलांग के सिविल सर्जन ने स्वामी जी का उपचार भी किया। वह नित्य स्वामी जी देखने आते थे, किंतु उनके उपचार से भी कोई लाभ नहीं हुआ।

## ब्रह्मलीन

शिलांग में भी स्वामी जी के स्वास्थ्य में कोई सुधार नहीं हुआ, अपितु स्वास्थ्य निरन्तर गिरने लगा। एक रात्रि दमा का प्रयोग इतना उग्र हो गया था कि उनके शिष्यों को उनका अन्तिम समय निकट दिखायी देने लगा था। कुछ देर बाद स्थिति में कुछ सुधार हुआ।

शिलांग से स्वामी जी बेलुड़ मठ लौट आये । वहां कुछ दिन बाद उन्हें बहुमूत्र और सूजन की शिकायत भी हो गयी। सभी ने उन्हें पूर्ण विश्राम लेने का परामर्श दिया। आयुर्वेदिक चिकित्सा की व्यवस्था की गयी। गम्भीर रूप से अस्वस्थ होने पर भी स्वामी जी अपने शिष्यों से हास-परिहास करते रहते थे।

स्वामी जी की अस्वस्थता के विषय में सुनकर कई लोग जिनमें कॉलेज के विद्यार्थियों की संख्या अधिक होती थी, उनके पास आते रहते थे। स्वामी जी अपनी अस्वस्थता भूल कर उनके सामने भाषण देने लगते थे। ऐसे में जब उनके शिष्य आदि उन्हें विश्राम करने के लिए कहते तो वह बोले पड़ते, "रहने दो इन नियम-वियमों को एक ओर, यदि इनमें से एक भी आदर्श जीवन व्यतीत करने के लिए तैयार हो जाए, तो मेरा श्रम सफल हो जाएगा। दूसरों के कल्याण हेतु देहांत भी हो जाए तो क्या... मैं जड़ की भांति मौन नहीं रह सकता।"

सितंबर में स्वामी जी के स्वास्थ्य में कुछ सुधार दिखायी देने लगा। वह प्रात: सायं घूमने भी जाने लगे और छोटे-मोटे कार्यों में भी हाथ बंटाने लगे। इससे उनके शिष्यों, सहयोगियों और प्रशंसकों को बड़ी प्रसन्नता हुई।

1901 में बेलुड़ मठ में दुर्गा पूजा का विशेष आयोजन किया गया। स्वामी जी के कहने पर ब्रह्मानंद आदि ने इसकी पूरी व्यवस्था की। पूजा पूर्ण तान्त्रिक विधान से की गयी, किन्तु इसमें बलिदान नहीं किया गया इसके स्थान पर शकर और मिठाइयां अर्पित की गयीं।

बचपन में जब एक बार स्वामी जी बीमार पड़े थे, तो उनकी मां ने कालीघाट में मनौती मानी थी कि उनके स्वस्थ होने पर वह वहां विशेष पूजा कराएंगी, किन्तु बाद में वह इसे भूल गयी थीं। इस समय पुत्र के गम्भीर रूप से अस्वस्थ हो जाने पर उन्हें अपनी मनौती याद आयी और उन्होंने वचन भंग होना ही इसका कारण समझा। अतः दुर्गा पूजा की समाप्ति पर वह पुत्र को कालीघाट ले गयीं। वहां हवन-पूजन आदि किया गया।

स्वास्थ्य में आया सुधार अस्थायी सिद्ध हुआ। अक्तूबर में उनकी दशा पुनः गम्भीर हो गयी। कोलकाता के एक जाने माने चिकित्सक डॉक्टर साण्डर्स उनका उपचार करने लगे। उन्हें पूर्ण विश्राम का परामर्श दिया गया। मठ के संन्यासी उन्हें पूरी सावधानी से भाषण आदि कार्य नहीं करने देते थे और न ही किसी से अधिक बोलने देते थे।

दिसंबर 1901 में कोलकाता में कांग्रेस का अधिवेशन हुआ। इस अवसर पर अनेक राष्ट्रीय नेता उनसे मिलने आये। उनसे मिलने पर स्वामी जी ने इच्छा व्यक्त की कि वे कोलकाता में एक वेद विद्यालय खोलने में सहयोग दें। सभी नेताओं ने इस कार्य में यथाशक्ति सहायता करने का वचन दिया, किन्तु स्वामी जी के असमय निधन से यह कार्य पूरा न हो सका।

इसी माह जापान के कुछ विद्वान स्वामी जी पास आये। वे जापान में शिकागो की तरह धर्म सम्मेलन आयोजित करना चाहते थे और स्वामी जी को उसमें आमन्त्रित करना चाहते थे (उल्लेखनीय है कि स्वामी रामतीर्थ इस सम्मेलन में भाग लेने गये, किन्तु अन्तिम समय में सम्मेलन नहीं हो सका) जापानी विद्वान डॉक्टर ओकाकुरा के साथ जनवरी 1902 में स्वामी जी ने बुद्ध गया की यात्रा की।

बुद्ध गया से वह वाराणसी गये और फिर श्रीरामकृष्ण के जन्मदिन पर बेलुड़ लौट आये। मठ में लौटते ही उन्होंने शैया पकड़ ली। अतः उत्सव में आये लोग उनके दर्शन भी नहीं कर सके।

स्वामी जी का स्वास्थ्य निरन्तर गिरता जा रहा था। औषधि सेवन तथा परहेज से वह विरक्त जैसे हो गये। जून 1902 में वह सभी कार्यों से उदासीनता व्यक्त करने लगे। 27 जून को उन्होंने स्वामी शुद्धानंद से पंचांग मंगाया। वह काफी देर तक पंचांग देखते रहे, कोई समझ नहीं पाया कि वह ऐसा क्यों कर रहे हैं।

1 जुलाई को स्वामी जी मठ के विस्तृत मैदान में घूम रहे थे। सहसा एक स्थान पर संकेत करते हुए वह बोले, "देहावसान होने पर मेरा अन्तिम

संस्कार इसी स्थान पर करना।'' कोई कुछ न कह सका, सब लौट आये। दूसरे दिन बुधवार और एकादशी थी। स्वामी जी ने उपवास रखा था। प्रात:काल उन्होंने स्वयं सबको भोजन परोसा, इसके बाद सबके हाथ धुलाये तथा स्वयं उन्हें तौलिये से पोंछा।

4 जुलाई 1902 की प्रात: वह ब्रह्ममुहूर्त में ही उठ गये और अन्य संन्यासियों के साथ बातें करने लगे, जबकि पहले वह इस समय सबके साथ मिलकर ध्यान करते थे। तभी प्रख्यात तान्त्रिक ईशानचन्द्र भट्टाचार्य वहां आये। स्वामी जी ने उनसे दूसरे दिन काली पूजा करने के विषय में बातें कीं। कुछ संन्यासियों को पूजा की व्यवस्था करने की आज्ञा देकर चाय पीने के बाद वह पूजा के कमरे में बन्द हो गये। उन्होंने सब खिड़कियां भी बन्द कर दीं। तीन घण्टे बाद वहां से निकले और टहलने लगे।

अस्वस्थता के कारण वह इन दिनों सब के साथ बैठकर भोजन नहीं करते थे, किन्तु इस दिन उन्होंने सभी के साथ बैठकर भोजन किया। वह प्रसन्नचित्त जान पड़ते थे और उनका कहना था कि आज वह स्वयं को स्वस्थ अनुभव कर रहे हैं। भोजन के बाद वह विद्यार्थियों को तीन घन्टे तक लघु कौमुदी पढ़ाते रहे।

दोपहर बाद वह मठ के बाहर घूमने गये। वहां से लौटने के बाद बरामदे में बैठकर बातें करने लगे। फिर सन्ध्या की आरती के बाद अपने कमरे में चले गये और अपने सहयोगी ब्रह्मचारी से बोले, ''कमरे की सभी खिड़कियां खोल दो।'' खिड़कियां खुलने पर वह गंगातट की ओर देखने लगे। इसके बाद उन्होंने उस ब्रह्मचारी को बाहर जाकर जप करने को कहा और स्वयं भी माला लेकर पद्मासन में बैठकर जप करने लगे।

एक घंटे तक जप करने के बाद वह लेट गये। उन्होंने बाहर बैठे ब्रह्मचारी को भीतर बुलाकर पंखा झलने को कहा। स्वामी जी की माला उनके हाथ में ही थी। ब्रह्मचारी पंखा झलने लगा। कुछ देर बाद उसने स्वामी जी के मुंह से कुछ अस्पष्ट शब्द सुने। इसके साथ ही उन्होंने दो गहरी सांसें लीं और उनका सिर एक ओर लुढ़क गया। ब्रह्मचारी को कुछ भी समझ में नहीं आया। वह दौड़ता हुआ बाहर आया। उसने अन्य लोगों को इस विषय में बताया। सभी भागे-भागे अन्दर गये। उन्होंने देखा कि युग पुरुष स्वामी विवेकानंद ब्रह्मलीन हो गये थे।

●●●